明文堂編輯部 校閱

詳密註釋 通鑑諺解

【卷之二】

明文堂

詳密註釋 通鑑諺解【卷之二】目次

後秦紀

始皇帝下

(庚辰)二十六年이라 王賁이 自燕으로 南攻齊ᄒᆞᆯ서 猝入臨淄ᄒᆞ니 民莫敢格者ㅣ러라 秦이 使人으로 誘齊王ᄒᆞ야 約封以五百里之地ᄒᆞᆫ대 齊王이 遂降이어ᄂᆞᆯ 秦이 遷之共ᄒᆞ야(音恭河內郡名) 處之松柏之間ᄒᆞ야 餓而死ᄒᆞ다

二十六年이라 王賁이 燕으로브터 南으로 齊를 攻ᄒᆞᆯ시 창졸이 臨淄로 入ᄒᆞ니 民이 敢히 格ᄒᆞᆯ 者ㅣ 업더라 秦이 人으로ᄒᆞ여곰 齊王을 誘ᄒᆞ야 五百里의 地로ᄡᅧ 封ᄒᆞᆷ을 約ᄒᆞᆫ듸 齊王이 드듸여 降ᄒᆞ거ᄂᆞᆯ 秦이 共에 遷ᄒᆞ야 松栢의 間에 處ᄒᆞ야 餓ᄒᆞ야 死케ᄒᆞ다

王이 初幷天下에 自以爲德兼三皇ᄒᆞ고(伏羲神農黃帝) 功過五帝라ᄒᆞ야(少昊顓頊帝嚳帝堯帝舜) 乃更號曰皇帝라ᄒᆞ고 命爲制라ᄒᆞ고 令爲詔라ᄒᆞ고 自今以來로 除謚法ᄒᆞ고(死後考行立號曰謚) 朕이 爲始皇帝니ᄒᆞ노 後世以計數ᄒᆞ야 二世三世로 至于萬世ᄒᆞ야 傳之無窮ᄒᆞ라

(猝)倉遽也

(莫格)猶言不敵

王이처음으로天下를幷홈에스스로써ᄒᆞ되德은三皇을兼ᄒᆞ고功은五帝에過ᄒᆞ다ᄒᆞ야이에號를곳쳐曰皇帝라ᄒᆞ고命을制라ᄒᆞ고令을詔라ᄒᆞ고今으로브터써옴으로謚法을除ᄒᆞ고朕이始皇帝가되노니後世는써數를計ᄒᆞ야二世와三世로萬世에至ᄒᆞ야無窮홈에傳ᄒᆞ라

初에齊威宣之時에鄒衍이論著終始五德之運이러니及始皇이幷天下에齊人이奏之어늘始皇이采用其說ᄒᆞ야以爲周ㅣ得火德ᄒᆞ고秦이代周ᄒᆞ니從所不勝이라ᄒᆞ야爲水德ᄒᆞ고始改年ᄒᆞ야朝賀를皆自十月(十月屬水水德屬北方故尙黑)朔ᄒᆞ고衣服旌(析羽於旌上)旄(牛尾於竿首)節(行者之所執)旗(大將之所建)를皆尙黑ᄒᆞ고數를以六으로爲紀ᄒᆞ다(水終數六故以六寸爲符六尺爲步)

初에齊威宣의時에鄒衍이終始五德의運을論ᄒᆞ야著ᄒᆞ엿더니밋始皇이天下를幷홈에齊人이奏ᄒᆞ거늘始皇이그말을采用ᄒᆞ야써ᄒᆞ되周가火德을得ᄒᆞ고秦이周를代ᄒᆞ니勝치못홀바를從훈다ᄒᆞ야水德으로ᄒᆞ고비로소年을改ᄒᆞ야朝賀를다十月朔으로브터ᄒᆞ고衣服과旌旄와節旗를다黑을숭상ᄒᆞ고數를六으로써紀ᄒᆞ다

丞相綰等이 丞承也相助也謂掌承天子助理萬機也綰姓王氏 言燕齊荊이 地遠ᄒᆞ니 不爲置王이면 無以鎭之니 請立諸子ᄒᆞ소서 始皇이 下其議ᄒᆞᆫ대 廷尉斯 廷平也治獄貴平故ㅣ號廷尉斯姓李氏 曰周文武의所封子弟同姓이 甚衆이나 然이나 後屬이 疏遠ᄒᆞ야 相攻擊을 如仇讎ᄒᆞ니 周天子ㅣ 弗能禁止라 今海內ㅣ 賴陛下神靈ᄒᆞ야 一統皆爲郡縣ᄒᆞ니 諸子功臣을 以公賦稅로 重賞賜之면 甚足易制오 天下ㅣ 無異意則安寧之術也니 置諸侯ㅣ 不便ᄒᆞ니이다

丞相綰의等이말ᄒᆞ되燕과齊와荊이地가遠ᄒᆞ니王을置ᄒᆞ지아니ᄒᆞ면써鎭ᄒᆞᆯ슈가업스니請컨ᄃᆡ諸子를立ᄒᆞ소서始皇이그議를下ᄒᆞᆫ대廷尉斯ㅣ曰周文武의子弟와同姓을封ᄒᆞᆫ바ㅣ甚히만으나然이나後屬이疏ᄒᆞ고遠ᄒᆞ야서로攻ᄒᆞ고擊ᄒᆞᆷ을仇讎와如히ᄒᆞ니周天子ㅣ能히禁止치못ᄒᆞᆫ지라今에海內ㅣ陛下의神靈을賴하야一統ᄒᆞ야다郡縣이되니諸子와功臣을公賦稅로써重히賞賜ᄒᆞ면甚히足ᄒᆞ야制ᄒᆞ기易ᄒᆞ고天下ㅣ異意가無ᄒᆞᆫ則安寧의術이니諸侯를置ᄒᆞᆷ이便치아니ᄒᆞ니이다

始皇이 曰天下ㅣ 共苦ᄒᆞ야 戰鬪不休는 以有侯王이러니 賴宗廟ᄒᆞ야 天下ㅣ 初定이어늘 又復立國이면 是는 樹兵也ㅣ니 而求其寧息이 豈不難

(樹)立也

哉아 廷尉議ㅣ是타ᄒᆞ고 於是에 分天下爲三十六郡ᄒᆞ야 郡置守尉監ᄒᆞ고 (太守掌治其郡承尉掌佐守典武職甲卒監御史掌監郡) 收天下兵ᄒᆞ야 聚咸陽ᄒᆞ야 銷以爲鍾鐻金人十二ᄒᆞ니 (銷音消鐻音巨縣曰虡監曰鍾植曰鐻盖樂器也始皇二十六年有大人十二見於臨洮身長五丈足履六尺皆夷狄服天誡若曰勿大爲夷狄行將滅其國始皇不知反以爲瑞乃銷兵器鑄爲金人以象之) 重이各千石이라 置宮庭中ᄒᆞ다 (百二十斤爲石坐高二丈號曰翁仲漢世在長樂宮門)

始皇이曰天下ㅣ한가지苦ᄒᆞ야戰鬪가休치아니ᄒᆞᆷ은써侯와王을有ᄒᆞᆷ이러니宗廟를賴ᄒᆞ야天下ㅣ쳐음으로定ᄒᆞ엿거늘또다시國을立ᄒᆞ면是는兵을樹ᄒᆞᆷ이니그寧息을求ᄒᆞᆷ이엇지難치아니냐廷尉의議가올타ᄒᆞ고이에天下를分ᄒᆞ야三十六郡을ᄒᆞ야郡에守尉監을置ᄒᆞ고天下의兵을收ᄒᆞ야咸陽에모아銷ᄒᆞ야써鍾鐻金人十二를ᄒᆞ니重이각각千石이라宮庭中에置ᄒᆞ다

(壬午)二十八年이라 始皇이 東行郡縣ᄒᆞ시 上鄒嶧山ᄒᆞ야 (嶧音亦○邾嶧一名鄒山山在兗州鄒縣南鄒改作鄒遂因縣名山) 立石頌功業ᄒᆞ고 上太山陽至顚ᄒᆞ야 立石頌德ᄒᆞ고 從陰道下ᄒᆞ야 禪於梁父ᄒᆞ고 (泰山下小山名也因以名縣父音甫) 遂東遊海上이러니 方士徐市等이 上書ᄒᆞᆫ대 請得與童男女로 入海ᄒᆞ야 求三神山不死藥이라ᄒᆞ고 浮江至湘

(東行)行去聲巡視也
(頌功)頌歌之也
(至顚)顚頂也
(陰道)山北曰陰
(三神山)蓬萊方丈瀛洲也

始皇駕幸
東御園來
嘗玩佳景
登顯慶殿
暫息不覺
困倦伏几
而臥忽聞
一聲響亮
驚動天地
但見紅日
墜於面前
從東一小
兒著青衣
面如銅鐵
目有重瞳
向前欲抱
太陽未曾
抱起從南
又一紅衣
小兒大叫
青衣小兒
未可抱去
我奉上帝
敕命特來
抱太陽兩
個不伏各
努力爭打
青衣小兒
連捽紅衣

山祠ᄒᆞ야 逢大風ᄒᆞ야 幾不能渡라 上이 問湘君은 何神고 對曰堯女오 舜妻니이다 始皇이 大怒ᄒᆞ야 使伐湘山樹ᄒᆞ야 赭其山ᄒᆞ다 (赭音者赤色)

二十八年이라 始皇이 東으로 郡縣을 行ᄒᆞᆯ시 鄒嶧山에 上ᄒᆞ야 石을 立ᄒᆞ고 功業을 頌ᄒᆞ고 太山陽에 上ᄒᆞ야 顚에 至ᄒᆞ야 石을 立ᄒᆞ고 德을 頌ᄒᆞ고 陰道로 從ᄒᆞ야 下ᄒᆞ야 梁父에 禪ᄒᆞ고 드대여 東으로 海上에 遊ᄒᆞ더니 方士徐市의 等이 書를 上호대 請컨ᄃᆡ 시러곰 童男女로 더브러 海에 入ᄒᆞ야 三神山不死藥을 求ᄒᆞ겟다 ᄒᆞ고 江에 浮ᄒᆞ야 湘山祠에 至ᄒᆞ야 大風을 만나거의 能히 渡ᄒᆞᆯ슈업는지라 上이 뭇되 湘君은 웃지ᄒᆞᆫ 神인고 對ᄒᆞ여 曰堯의 女오 舜의 妻ㅣ니이다 始皇이 크게 怒ᄒᆞ야 ᄒᆞ여곰 湘山의 樹를 伐ᄒᆞ야 그 山을 븕게 ᄒᆞ다

初에 韓人張良이 父祖以上으로 五世相韓이라 韓亡에 良이 欲爲韓報仇러니 始皇이 東遊ᄒᆞ야 至陽武博浪沙中이어늘 (陳留有陽武縣陽武南有博浪沙) 張良이 令力士로 操鐵椎ᄒᆞ야 狙擊始皇이라가 (狙音蛆。狙之伺物必伏而候之凡伏而擊者謂之狙擊) 誤中副車ᄒᆞᆫ대 始皇이 驚求弗得ᄒᆞ고 令天下ᄒᆞ야 大索十日ᄒᆞ다

初에 韓人張良이 父祖써 上으로 五世를 韓에 相ᄒᆞᆫ지라 韓이 亡홈에 良이 韓을 爲ᄒᆞ야

小兒七十二交紅衣小兒不伏跳將起來用力打訖一拳靑衣小兒仆地便倒氣絕而死紅衣小兒將太陽抱起向南而去醒則是一夢故欲求長生不死之藥万世爲君

(狙)大猴也此獸善候故其字以候也

始皇使燕人盧生求古仙人羨門子高也

(錄圖)符命之書後世讖書之始也

(延袤)袤長也

仇를報코져ᄒᆞ더니始皇이東으로遊ᄒᆞ야陽武博浪沙中에至ᄒᆞ거늘張良이力士로ᄒᆞ여곰鐵椎를操ᄒᆞ야狙ᄒᆞ야始皇을擊ᄒᆞ다가그릇副車를中ᄒᆞᆫ대始皇이놀나구ᄒᆞ되得지못ᄒᆞ고天下에令ᄒᆞ야크게十日을索ᄒᆞ다

(丙戌)三十二年이라始皇이巡北邊ᄒᆞᆯ서盧生이入海還ᄒᆞ야因奏錄圖書曰亡秦者는胡也라ᄒᆞ야늘 胡乃胡亥 始皇이乃遣蒙恬ᄒᆞ야發兵三十萬人ᄒᆞ야北伐匈奴ᄒᆞ고取河南地ᄒᆞ야爲四十四縣 河南並匈奴地 ᄒᆞ고築長城ᄒᆞᄃᆡ因地形ᄒᆞ야用制險塞ᄒᆞ야起臨洮至遼東ᄒᆞ니延袤萬餘里ㅣ라 袤音茂延長行也南北曰袤 威振匈奴러라

三十二年이라始皇이北邊에巡ᄒᆞᆯ서盧生이海로入ᄒᆞ얏다가還ᄒᆞ야因ᄒᆞ야錄圖書를奏ᄒᆞ야曰秦을亡ᄒᆞᆯ者는胡라ᄒᆞ야늘始皇이이에蒙恬을遣ᄒᆞ야兵三十萬人을發ᄒᆞ야北으로匈奴를伐ᄒᆞ고河南地를取ᄒᆞ야四十四縣을ᄒᆞ고長城을築ᄒᆞᄃᆡ地形을因ᄒᆞ야써險塞을制ᄒᆞ야臨洮에起ᄒᆞ야遼東에至ᄒᆞ니延袤ㅣ萬餘里라威가匈奴에振ᄒᆞ더라

(戊子)三十四年이라丞相李斯ㅣ上書曰異時에諸侯ㅣ並爭ᄒᆞ야

(非法敎)
李斯傳作
相與非法
敎之制

厚招遊學이러니 今天下ㅣ已定에 法令이 出一ᄒᆞ니 百姓이 當家則力農工ᄒᆞ고 士則學習法令이어늘 今諸生이 不師今而學古ᄒᆞ야 以非當世ᄒᆞ고 惑亂黔首ᄒᆞ며 相與非法으로 敎人ᄒᆞ야 聞令下則各以其學으로 議之ᄒᆞ고 入則心非ᄒᆞ며 出則巷議ᄒᆞ야 誇主以爲名ᄒᆞ고 異趣以爲高ᄒᆞ야 率羣下以造謗ᄒᆞ니 如此弗禁則主勢ㅣ 降乎上ᄒᆞ고 黨與ㅣ 成乎下ㅣ니 禁之便ᄒᆞ니이다

三十四年이라丞相李斯ㅣ書를上ᄒᆞ여曰異時에諸侯ㅣ아올너爭ᄒᆞ야厚히遊學을招ᄒᆞ엿더니今에天下ㅣ임의定홈에法令이一에出ᄒᆞ니百姓이家에當ᄒᆞᆫ則農과工을力ᄒᆞ고士인則法令을學ᄒᆞ야習ᄒᆞ게거늘이제諸生이今을師치아니ᄒᆞ고古를學ᄒᆞ야써當世를非ᄒᆞ고黔首를惑亂ᄒᆞ며서로더브러法아닌것으로人을敎ᄒᆞ야令이下홈을聞ᄒᆞᆫ則각각그學홈으로써議ᄒᆞ고入ᄒᆞᆫ則心으로非타ᄒᆞ며出ᄒᆞᆫ則巷에서議ᄒᆞ야主를誇홈으로써名을ᄒᆞ고趣를異홈으로써高히ᄒᆞ야群下를率ᄒᆞ고謗을造ᄒᆞ니이와갓홈을禁치아니ᄒᆞᆫ則主勢ㅣ上에降ᄒᆞ고黨與ㅣ下에成ᄒᆞᆯ지니禁홈이便ᄒᆞ니이다

(守尉)守 掌治其郡 尉掌佐守 典武職甲 卒百官志 大郡曰守 小郡曰尉 (偶)對也 (筮)龜曰 卜著曰筮 (種樹)植 樹也 (制曰可) 群臣有所 奏請尙書 子之下有 奉曰制天 司答曰可

臣은請史官이非秦記어든皆燒之ᄒᆞ고非博士官의所職이오天下에有藏詩書百家語者어든皆詣守尉ᄒᆞ야雜燒之ᄒᆞ고有偶語詩書者어든棄市ᄒᆞ고(刑人於市與衆棄之故今律謂絞刑爲棄也)以古非今者는族ᄒᆞ고(謂滅族)所不去者는醫藥卜筮種樹之書오若欲有學法令이어든以吏爲師라ᄒᆞᆫ대制曰可라ᄒᆞ다

臣은請컨ᄃᆡ史官이秦의記가아니어든다燒ᄒᆞ고博士官의職ᄒᆞᄂᆞᆫ바ㅣ아니오天下에詩書와百家語를藏ᄒᆞᆫ者ㅣ有ᄒᆞ거든다守尉에게詣ᄒᆞ야雜燒ᄒᆞ고詩書를偶語ᄒᆞᄂᆞᆫ者ㅣ有ᄒᆞ거든市에棄ᄒᆞ고古로써今을非타ᄒᆞᄂᆞᆫ者ᄂᆞᆫ族ᄒᆞ고去치아니ᄒᆞᆯ바ᄂᆞᆫ醫藥卜筮種樹의書이오만일法令을學코져ᄒᆞᄂᆞᆫ이가有ᄒᆞ거든吏로써師를삼겟다ᄒᆞᆫ대制ᄒᆞ여曰可라ᄒᆞ다

(己丑)三十五年이라使蒙恬으로除直道호ᄃᆡ(除治也秦故道在慶州華地縣西子午山上)道九原ᄒᆞ야(道由也今豊州)抵雲陽ᄒᆞ야(抵至也今京兆雲陽縣)塹山堙谷ᄒᆞ니(塹音詔阬也 堙音因塞也)千八百里라數年不就ᄒᆞ다

三十五年이라蒙恬으로ᄒᆞ여곰直道를除호대九原으로말미암어雲陽에抵ᄒᆞ야山을塹ᄒᆞ고谷을堙ᄒᆞ니千八百里라數年이나就치못ᄒᆞ다

(閣道)架木爲棚而行名閣道(複道)架起爲道不與民庶相雜天子自行其上有私路處則作穴竇處如城門百姓自其中往來

始皇이以爲咸陽에人多ᄒᆞ고先王之宮庭이小라ᄒᆞ야乃營作朝宮渭南上林苑中ᄒᆞᆯ서先作前殿阿房ᄒᆞ니(任雍州初秦惠文王作宮阿基房未成始皇廣其宮規陝三百餘里房一作旁或讀如旁室之旁阿曲也言殿之四阿皆爲房)東西ㅣ五百步오南北이五十丈이라上可以坐萬人이오下可以建五丈旗러라

始皇이써ᄒᆞ되咸陽에人이多ᄒᆞ고先王의宮庭이少ᄒᆞ다ᄒᆞ야이에營ᄒᆞ야朝宮을渭南上林苑中에作ᄒᆞᆯ시먼저前殿阿房을作ᄒᆞ니東西가五百步오南北이五十丈이라上은可히써萬人이坐ᄒᆞ겟고下ᄂᆞᆫ可히써五丈旗ᄅᆞᆯ建ᄒᆞ겟더라

周馳爲閣道ᄒᆞ되自殿下로直抵南山ᄒᆞ고表南山之顚ᄒᆞ야以爲闕ᄒᆞ고爲複道ᄒᆞ되(複音福重複也)自阿房으로渡渭ᄒᆞ야屬之咸陽ᄒᆞ니(屬音束連也)以象天極閣道ㅣ絶漢抵營室也러라(營室星名天官書曰天極紫宮後十七星絶漢抵營室曰閣道閣道者星名也北斗輔也)

두루달녀閣道ᄅᆞᆯᄒᆞ대殿下로브터곳南山에抵ᄒᆞ고南山의顚을表ᄒᆞ야써闕을ᄒᆞ고複道ᄅᆞᆯᄒᆞ되阿房으로브터渭ᄅᆞᆯ渡ᄒᆞ야咸陽에屬ᄒᆞ니써天極閣道ㅣ漢을絶ᄒᆞ야營室에抵홈을象ᄒᆞ얏더라

隱宮徒刑者ㅣ七十餘萬人이라(宮淫刑也男子割勢婦人幽閉次死之刑盖餘刑見於市朝宮刑一百日隱於陰室養之乃可故曰隱宮下蚕室是也徒

美石出於京兆北山細密可爲棺槨故云

(關中)東有函谷關南有嶢關武關北有蕭關西有散關居四關之中故名

(驪邑)始皇之陵也漢自人君即位即治山陵及徙民治邑陵傍皆秦制也雲陽甘泉宮所在也

(誹謗)誹議也謗毁訕也

(廉問)廉察也

(傳相告引)甲引乙乙引丙也

(自除)除

刑徒奴役也以罪俱所作 乃分作阿房宮ᄒᆞ며 或作驪山ᄒᆞᆯ시 驪音鸝山在雍州新豊古驪戎國 發北山石槨ᄒᆞ고 寫蜀荊地材ᄒᆞ야 寫音舍車解馬爲寫或作卸 皆至ᄒᆞ니 關中에 計宮이 三百이오 關外에 四百餘라 於是에 立石東海上朐界中ᄒᆞ야 朐音區東海地名 以爲秦東門ᄒᆞ고 因徙三萬家驪邑ᄒᆞ고 五萬家雲陽ᄒᆞ야 皆復ᄒᆞ고 不事十歲ᄒᆞ다 復音福除其賦役

隱宮徒刑者ㅣ七十餘萬人이라이에分ᄒᆞ야阿房宮을作ᄒᆞ며或驪山을作ᄒᆞᆯ시北山의石槨을發ᄒᆞ고蜀荊地材를寫ᄒᆞ야다至ᄒᆞ니關中에計宮이三百이오關外에四百餘라이에石을東海上朐界中에立ᄒᆞ야써秦의東門을삼고因ᄒᆞ야三萬家를驪邑으로ᄒᆞ고五萬家를雲陽으로ᄒᆞ야徙ᄒᆞ고다復ᄒᆞ고十歲를事치안다

侯生盧生이 相與譏議始皇ᄒᆞ고 因亡去어늘 始皇이 聞之ᄒᆞ고 大怒曰 盧生等을 朕이 尊賜之甚厚어늘 今乃誹謗我로다 諸生이 在咸陽者를 吾ㅣ 使人廉問ᄒᆞ니 或爲妖言ᄒᆞ야 以亂黔首라ᄒᆞ고 於是에 使御史로 悉按問諸生ᄒᆞ니 諸生이 傳相告引ᄒᆞ야 傳去聲 乃自除犯禁者四百六十餘人이라 皆坑之咸陽ᄒᆞ다

去聲開而出也

(誦法孔子)誦孔子之言以爲法也

(繩之)繩索也所以引畫而取直者言正治其事亦猶繩也

秦以亥正則臘爲三月云十二月者則寅月起數秦未嘗改也至三十七年書十月癸丑始皇

侯生과盧生이서로더브러始皇을譏議ᄒᆞ다가因ᄒᆞ야亡ᄒᆞ야去ᄒᆞ거늘始皇이聞ᄒᆞ고크게怒ᄒᆞ야曰盧生等을朕이尊賜ᄒᆞ기를甚히厚히ᄒᆞ엿거늘今에이에我를誹謗ᄒᆞᄂᆞᆫ도다諸生이咸陽에在ᄒᆞᆫ者를吾ㅣ人으로하여곰廉問호니或訞言을ᄒᆞ야ᄡᅥ黔首를亂ᄒᆞᆫ다ᄒᆞ고이에御史로하여곰다諸生을按問ᄒᆞ니諸生이傳ᄒᆞ야셔로告引ᄒᆞ야이에스ᄉᆞ로除ᄒᆞ야禁을犯ᄒᆞᆫ者四百六十餘人이라다咸陽에坑ᄒᆞ다

始皇의長子扶蘇ㅣ諫曰諸生이皆誦法孔子어늘今上이皆重法繩之ᄒᆞ시니臣은恐天下ㅣ不安일가ᄒᆞ노이다始皇이怒ᄒᆞ야使扶蘇로北監蒙恬軍於上郡ᄒᆞ다

始皇의長子扶蘇ㅣ諫ᄒᆞ야曰諸生이다孔子를誦ᄒᆞ야法ᄒᆞ거늘今에上이다重法으로繩ᄒᆞ시니臣은恐ᄒᆞ건ᄃᆡ天下ㅣ安치못ᄒᆞᆯ가ᄒᆞ노이다始皇이怒ᄒᆞ야扶蘇로하여곰北으로蒙恬의軍을上郡에셔監케ᄒᆞ다

(辛卯)三十七年이라冬十月에始皇이出遊ᄒᆞᆯ시左丞相斯ㅣ從ᄒᆞ고少子胡亥ㅣ最愛러니請從이어늘上이許之ᄒᆞ고西至平原津而病ᄒᆞ야 平原河西地名古高 唐今德州 **秋七月丙寅에始皇이崩於沙丘平臺어늘丞相斯ㅣ爲上崩이**

出遊十一月行至雲夢繼書七月丙寅始皇崩九月葬驪山先書十月十二月而繼書七月九月者知其以十月爲正朔而寅月起數未嘗改也(更爲書)更改也始皇至平原津而病始皇惡言死群臣莫敢言死病益甚迺令行書府中令符璽事趙高爲書賜扶蘇曰與喪會咸陽而葬未付使者始皇崩後趙高廼言斯曰

在外라 恐諸公子及天下有變일가ᄒᆞ야 乃秘之不發喪일가ᄒᆞ야 獨胡亥趙高及幸宦者五六人이 知之러라

三十七年이라冬十月에始皇이出ᄒᆞ야遊홀ᄉᆡ左丞相斯ㅣ從ᄒᆞ고少子胡亥ㅣ가장愛밧는지라從ᄒᆞ기를請ᄒᆞ거늘上이許ᄒᆞ고西으로平原津에至ᄒᆞ야病ᄒᆞ야秋七月丙寅에始皇이沙丘平臺에셔崩ᄒᆞ거늘丞相斯ㅣᄒᆞ되上의崩홈이外에在ᄒᆞᆫ지라諸公子와及天下에變이有홀가恐ᄒᆞ야이에秘ᄒᆞ야喪을發치아니ᄒᆞ고홀로胡亥와趙高와밋幸宦者五六人이知ᄒᆞ엿더라

趙高ㅣ 乃與丞相斯로 謀ᄒᆞ고 詐爲受始皇詔라ᄒᆞ야 立胡亥爲太子ᄒᆞ고 更爲書賜扶蘇ᄒᆞ야 數以不能闢地立功ᄒᆞ며 (數音藪謂以一二而記之) 上書誹謗이라ᄒᆞ고 將軍恬은 不矯正ᄒᆞ니 知其謀라ᄒᆞ야 皆賜死ᄒᆞᆫ대 扶蘇ㅣ 自殺이어늘 胡亥ㅣ 至咸陽ᄒᆞ야 發喪襲位ᄒᆞ고 九月에 葬始皇於驪山下ᄒᆞ다

趙高ㅣ이에丞相斯로더부러謀ᄒᆞ고거짓始皇의詔를受ᄒᆞ엿다ᄒᆞ야胡亥를세워太子를ᄉᆞᆷ고다시書를ᄒᆞ야扶蘇에게賜ᄒᆞ야能히地를闢ᄒᆞ고功을立치못홈으로써數ᄒᆞ며上書에誹謗ᄒᆞᆫ다ᄒᆞ고將軍恬은矯正치못ᄒᆞ니그謀를知ᄒᆞᆫ다ᄒᆞ야다死를賜ᄒᆞᆫ

上賜長子
書及符璽
皆在胡亥
所定太子
者在君侯
與高之口
耳事將何
爲斯曰安
得亡國之
言非人臣
所當議也
趙高固請
李斯許之
更爲書云
云耳目煩
不引

대扶蘇ㅣ自殺ᄒᆞ거늘胡亥ㅣ咸陽에至ᄒᆞ야喪을發ᄒᆞ고位를襲ᄒᆞ고九月에始皇을
驪山下에葬ᄒᆞ다

二世皇帝 名胡亥 在位三年壽二十四 繁刑重役誅殺任情罪盈怨積而天下叛之卒爲趙高所殺立子嬰爲王凡四十六日而降于漢

(壬辰)元年이라春에二世ㅣ東行郡縣ᄒᆞᆯ셔夏至咸陽ᄒᆞ야謂趙高曰
人生世間이譬猶騁六驥過決隙也ㅣ라 決音缺 吾欲悉耳目之所
好ᄒᆞ고窮心志之所樂ᄒᆞ야以終吾年壽ᄒᆞ노니可乎아
元年이라春에二世ㅣ東으로郡縣에行ᄒᆞᆯ셔夏에咸陽에至ᄒᆞ야趙高다려謂ᄒᆞ여曰
人이世間에生ᄒᆞᆷ이譬컨ᄃᆡ六驥를乘ᄒᆞ고決隙을過ᄒᆞᆷ과갓흔지라吾ㅣ耳目의好ᄒᆞ
는바를悉ᄒᆞ고心志의樂ᄒᆞ는바를窮ᄒᆞ야써吾의年壽를終코져ᄒᆞ노니可ᄒᆞ라
趙高ㅣ曰陛下ㅣ嚴法而刻刑ᄒᆞ사盡除先帝之故臣ᄒᆞ시고更置陛
下之所親信則高枕肆志寵樂矣리이다二世ㅣ然之ᄒᆞ야乃更爲
法律ᄒᆞ야務益刻深ᄒᆞ니大臣諸公子라도有罪면輒僇死러라
趙高ㅣ曰陛下ㅣ法을嚴히ᄒᆞ시고刑을刻히ᄒᆞ샤다先帝의故臣을除ᄒᆞ시고다시陛

下의親ᄒᆞ고信ᄒᆞᄂᆞᆫ이를置ᄒᆞ신則枕을高히ᄒᆞ고志를肆ᄒᆞ야寵ᄒᆞ고樂ᄒᆞ리이다二世ㅣ그러히여겨이에다시法律을ᄒᆞ야힘써더욱刻ᄒᆞ고深ᄒᆞ게ᄒᆞ니大臣과諸公子라도罪만有ᄒᆞ면믄득僇死ᄒᆞ더라

復作阿房宮ᄒᆞᆯ서 盡徵材士(有材多力之士) 五萬人ᄒᆞ야 屯衛咸陽ᄒᆞ다

다시阿房宮을作ᄒᆞᆯ서다材士五萬人을徵ᄒᆞ야屯ᄒᆞ야咸陽을衛ᄒᆞ다

秋에 陽城人陳勝(字涉)과 陽夏人吳廣(字叔)이 起兵於蘄(音棋)ᄒᆞ다 是時에 發閭左ᄒᆞ야 戍漁陽ᄒᆞᆯ서(閭左言居閭里之左也秦時復除者居閭左盖役煩故在閭左者盡發之也一說所在以富强爲右貧弱爲左時役戍多富者役盡兼取貧者發之戍者屯兵而守也漁陽在幽州漁水之北) 九百人이 屯大澤鄕ᄒᆞ고(在沛郡蘄縣) 勝廣이 皆爲屯長이러니 會에 天이 大雨ᄒᆞ야 道不通이어늘 度已失期ᄒᆞ고 乃召令徒屬曰公等은 皆失期ᄒᆞ니 當斬이라 且壯士ㅣ 不死則已어니와 死則擧大名耳니 王侯將相이 寧有種乎아 衆이 皆從之어늘

(屯長)屯猶營也每營置將卒有種種類也

秋에陽城人陳勝과陽夏人吳廣이兵을蘄에서起ᄒᆞ다이ᄯᅢ에閭左를發ᄒᆞ야漁陽을戍ᄒᆞᆯ서九百人이大澤鄕에屯ᄒᆞ고勝과廣이다屯長이되엿더니會에天이크게雨ᄒᆞ야道가通치못ᄒᆞ거ᄂᆞᆯ임의期를失ᄒᆞᆷ을度ᄒᆞ고이에徒屬을불너令ᄒᆞ야曰公等은다

期를失ᄒᆞ엿스니맛당이斬ᄒᆞᆯ지라또壯士ㅣ死치아니ᄒᆞᆫ則말녀니와死ᄒᆞᆫ則大名을擧ᄒᆞᆯ지니王侯와將相이읏지種이有ᄒᆞ랴衆이다從ᄒᆞ거늘

乃詐稱公子扶蘇項燕이라ᄒᆞ고 扶蘇始皇長子無罪而二世殺之百姓未知其死項燕楚之良將或以爲死或以爲亡命故詐稱二人以爲天下倡 爲壇而盟ᄒᆞ야稱大楚라ᄒᆞ고勝이自立爲將軍ᄒᆞ고廣이爲都尉ᄒᆞ야入據陳ᄒᆞ니陳中父老ㅣ請立涉爲楚王이어늘

이에그짓公子扶蘇와項燕이라稱ᄒᆞ고壇을ᄒᆞ고盟ᄒᆞ야大楚라稱ᄒᆞ고勝이스ᄉᆞ로立ᄒᆞ야將軍이되고廣이都尉가되여陳에入據ᄒᆞ니陳中父老ㅣ涉을立ᄒᆞ야楚王삼기를請ᄒᆞ거늘

張耳陳餘ㅣ曰秦爲無道ᄒᆞ야暴虐百姓이어늘將軍이出萬死之計ᄒᆞ야爲天下除殘ᄒᆞ니今始至陳而王之면示天下私니願將軍은毋王ᄒᆞ고急引兵而西ᄒᆞ야遣人立六國後ᄒᆞ야自爲樹黨ᄒᆞ야爲秦益敵ᄒᆞ라敵多則力分이오與衆則兵强이니 與衆黨與衆多也 誅暴秦據咸陽ᄒᆞ야以令諸侯則帝業을成矣리라涉이不聽ᄒᆞ고自立爲王ᄒᆞ니諸郡縣이苦秦法ᄒᆞ야爭殺長吏ᄒᆞ고以應涉이러라

張耳와陳餘ㅣ曰秦이無道ᄒᆞ야百姓을暴虐ᄒᆞ거늘將軍이萬死의計를出ᄒᆞ야天下를爲ᄒᆞ야殘을除ᄒᆞ니今에비로소陳에至ᄒᆞ야王ᄒᆞ면天下에私를示홈이니願컨ᄃᆡ將軍은王치말고急히兵을引ᄒᆞ고西로ᄒᆞ야人을遣ᄒᆞ야六國의後를立ᄒᆞ야ᄉᆞᄉᆞ로黨을樹ᄒᆞ고秦을爲ᄒᆞ야敵을益케ᄒᆞ라敵이多ᄒᆞᆫ則力이分ᄒᆞ고衆을與ᄒᆞᆫ則兵이强ᄒᆞᆯ지니暴ᄒᆞᆫ秦을誅ᄒᆞ고咸陽에據ᄒᆞ야써諸侯에게令ᄒᆞᆫ則帝業을成ᄒᆞ리라涉이聽치아니ᄒᆞ고ᄉᆞᄉᆞ로셔셔王이되니모든郡과縣이秦法을苦ᄒᆞ야닷토어長吏를殺ᄒᆞ고써涉을應ᄒᆞ더라

(謁者)官名

謁者使ㅣ從東方來ᄒᆞ야以反者로聞이어ᄂᆞᆯ二世ㅣ怒ᄒᆞ야下之吏러니後使者ㅣ至에上이問之ᄒᆞᆫᄃᆡ對曰群盜ᄂᆞᆫ鼠竊狗偷ㅣ니不足憂也ㅣ니이다上이悅ᄒᆞ다

謁者使ㅣ東方으로조차來ᄒᆞ야反者로써聞ᄒᆞ거늘二世ㅣ怒ᄒᆞ야吏에게下ᄒᆞ엿더니後使者ㅣ至홈에上이問ᄒᆞᆫ대對ᄒᆞ야曰羣盜ᄂᆞᆫ鼠竊과狗偸니足히憂ᄒᆞᆯ것이아니니이다上이悅ᄒᆞ다

(陳王)陳勝

(校尉)校營壘之稱故軍之一

陳王이人陳人武臣으로爲將軍ᄒᆞ고以張耳陳餘로爲左右校尉ᄒᆞ야予卒二千人ᄒᆞ야徇趙ᄒᆞ고使周文으로(史作周章)西擊秦ᄒᆞ다

部稱爲一校也尉者侯也武官悉以爲稱(徇趙)畧地曰徇謂行而取之也

(下相)去聲在相水下流故名縣名也(狄人)狄縣名

(豁如)開大貌

陳王이陳人武臣으로써將軍을삼고張耳와陳餘로써左右校尉를삼어卒三千人을予ᄒᆞ야趙을徇ᄒᆞ고周文으로ᄒᆞ야곰西으로秦을擊ᄒᆞ다

武臣等이行收兵ᄒᆞ야得數萬人이라號武臣ᄒᆞ야爲武信君이라ᄒᆞ고下趙三十餘城ᄒᆞ다八月에武信君이自立爲趙王ᄒᆞ다

武臣等이行ᄒᆞ야兵을收ᄒᆞ야數萬人을得ᄒᆞᆫ지라武臣을號ᄒᆞ야武信君이라ᄒᆞ고趙三十餘城을下ᄒᆞ다八月에武信君이ᄉᆞᄉᆞ로立ᄒᆞ야趙王이되다

九月에沛人劉邦은起兵於沛ᄒᆞ고(漢高本紀作沛豐邑人沛今徐州縣漢改泗水爲沛郡治相城)**下相人項梁은起兵於吳ᄒᆞ고狄人田儋**(은音覃)**起兵於齊ᄒᆞ다**

九月에沛人劉邦은兵을沛에서起ᄒᆞ고下相人項梁은兵을吳에서起ᄒᆞ고狄人田儋은兵을齊에서起ᄒᆞ다

劉邦의字는季니爲人이隆準龍顔이오(準鼻也音準的之準顔額顙也謂之龍顔見其非凡)**左股에有七十二黑子ᄒᆞ고愛人喜施ᄒᆞ야意豁如也ᄒᆞ고常有大度ᄒᆞ야不事家人生產作業ᄒᆞ더라**

劉邦의字는季니人됨이隆ᄒᆞᆫ準에龍의顔이오左股에七十二黑子가有ᄒᆞ고人을愛

호고施홈을喜호야意가豁如호고일즉大호度가有호야家人의生産作業을事치아니호더라

史記本紀에 曰常繇咸陽홀서 縱觀秦皇帝호고 喟然太息曰嗟乎라大丈夫ㅣ當如此矣라호더라

史記本紀에曰일즉咸陽에繇홀시縱호야秦皇帝를觀호고喟然이太息호야曰嗟홉다大丈夫ㅣ맛당히此와如홀것이라호더라

單父人呂公이(單父音善甫濟寧屬縣 呂公魏人名文字叔平) 好相人이러니 見季狀貌호고 因重敬之曰臣이 相人이 多矣로대 無如季相호니 願季는 自愛호라 臣이 有息女호니 願爲箕箒妾호노라 卒與劉季호니 乃呂后也ㅣ러라

單父人呂公이人을相호기를好호더니季의狀貌를見호고因호야重히여겨敬호야曰臣이人을相홈이多호대季의狀갓혼이가無호니願컨디季는스스로愛호라臣이息女가有호니箕箒妾숨기를願호노라맛참내劉季을주니이에呂后러라

秦始皇帝ㅣ常曰東南에 有天子氣라호야 於是에 因東遊以厭(音壓)之어늘 季ㅣ 卽自疑亡匿호야 隱於芒碭山澤間이러니(碭音唐芒郡屬臨淮陽碭縣屬梁國二縣之界有山澤之固故)

(縱)放也

(息女)息生也己所生女也

(箕箒妾)爲妾以供灑掃也

(厭)禳也禳之爲言攘也除厲殃

(送徒)徒即徒刑

隱於其間呂后ㅣ與人오로俱求常得之어늘季ㅣ怪問之ᄒᆞᆫ딕呂后ㅣ曰季ㅣ所居上에常有雲氣故로從往常得季다ᄒᆞ니沛中子弟ㅣ聞之ᄒᆞ고多欲附者ㅣ러라

秦始皇帝ㅣ일쥭이曰東南에天子의氣가有ᄒᆞ다ᄒᆞ야이에因ᄒᆞ야東으로놀아써厭ᄒᆞ거늘季가곳스ᄉᆞ로疑ᄒᆞ야亡ᄒᆞ야匿ᄒᆞ야芒碭山澤間에隱ᄒᆞ얏더니呂后ㅣ人으로더브러한가지求ᄒᆞ야항상得ᄒᆞ거늘季ㅣ怪히녀겨問ᄒᆞᆫ대呂后ㅣ曰季의居ᄒᆞᆫ바上에항상雲氣가有ᄒᆞᄂᆞᆫ故로조차가서항샹季를得ᄒᆞ엿다ᄒᆞ니沛中子弟ㅣ聞ᄒᆞ고附코져ᄒᆞᄂᆞᆫ者ㅣ多ᄒᆞ더라

初에爲泗上亭長ᄒᆞ야 亭者停留行旅宿食處猶今之館驛也秦法十里一亭亭置長督盜賊泗水亭在沛縣東 爲縣送徒驪山이러니 始皇葬時郡縣皆送徒士役作 徒ㅣ多道亡이어늘自度比至에皆亡之ᄒᆞ고 亡走也 乃解縱所送徒曰公等은皆去ᄒᆞ라吾ㅣ亦從此逝矣리라徒中壯士願從者ㅣ十餘人이러라

처음에泗上亭長이되여縣을爲ᄒᆞ야徒를驪山에送ᄒᆞ더니徒가道에서도망ᄒᆞᄂᆞᆫ이가多ᄒᆞ거늘스ᄉᆞ로至ᄒᆞᆷ에比ᄒᆞ야다도망ᄒᆞᆯ줄度ᄒᆞ고이에送ᄒᆞ든바徒를解縱ᄒᆞ야

曰公等은다去ᄒᆞ라吾도ᄯᅩᄒᆞᆫ이로조차逝ᄒᆞ리라徒中壯士에從키를願ᄒᆞᄂᆞᆫ者ㅣ十餘人이러라

劉季ㅣ被酒ᄒᆞ고夜徑澤中ᄒᆞᆯ서(徑小道也從小道而行過也)有大蛇ㅣ當徑이어늘季ㅣ拔劒斬蛇러니後人이來至蛇所ᄒᆞ니有老嫗ㅣ夜哭曰吾子는白帝子也라化爲蛇當道러니今赤帝子ㅣ斬之라ᄒᆞ고嫗ㅣ因忽不見이어늘後人이告劉季ᄒᆞᆫ대季ㅣ乃心獨喜自負ᄒᆞ고諸從者ㅣ日益畏之ᄒᆞ더라

劉季ㅣ酒를被ᄒᆞ고夜에澤中으로徑ᄒᆞᆯ셔大蛇ㅣ有ᄒᆞ야徑에當ᄒᆞ거늘季ㅣ劒을拔ᄒᆞ야蛇를斬ᄒᆞ엿더니後人이來ᄒᆞ야蛇所에至ᄒᆞ니老嫗ㅣ有ᄒᆞ야夜에哭ᄒᆞ야曰吾子ᄂᆞᆫ白帝子라化ᄒᆞ야蛇가되여道에當ᄒᆞ엿더니今에赤帝子ㅣ斬ᄒᆞ엿다ᄒᆞ고嫗ㅣ因ᄒᆞ야忽然보이지안커ᄂᆞᆯ後人이劉季에게告ᄒᆞᆫ대季ㅣ이에心으로홀로喜ᄒᆞ야스ᄉᆞ로負ᄒᆞ고모든從者ㅣ日로더욱畏ᄒᆞ더라

及陳涉이起에沛令이欲以沛로應之어늘掾主吏蕭何曹參이曰君爲秦吏ᄒᆞ야今欲背之ᄒᆞ고率沛子弟나恐不聽이니願君은召諸亡在外者면可得數百人이니因刦衆이면衆不敢不聽이리라乃令樊

(白帝子)秦以居西戎主少昊之神作西畤祠白帝
(赤帝子)赤帝謂漢也漢承堯緖爲火德也斬之者嘗滅秦也
(不見)見胡電切

(掾主吏)叅爲獄掾何爲主吏謂分部列局之吏也史掌書者也吏治人者也治人

之心主於一故吏字從一從史

(沛公)春秋時楚僭稱王其大夫多封縣公今立高祖爲沛公用楚制也

噲로 召劉季ᄒᆞ니 時에 劉季之衆이 已數十百人矣러라

밋陳涉이起ᄒᆞᆷ에沛令이沛로써應코져ᄒᆞ거늘椽主吏蕭何曹叅이曰君이秦吏가되야今에背ᄒᆞ고沛子弟를率코져ᄒᆞ나聽치아니ᄒᆞᆯ가두려우니願컨ᄃᆡ君은모든도망ᄒᆞᆫ이外에在ᄒᆞᆫ者를召ᄒᆞ면可히數百人을得ᄒᆞ리니因ᄒᆞ야衆을刼ᄒᆞ면衆이敢히聽치아니치못ᄒᆞ리라이에樊噲로ᄒᆞ여곰劉季를召ᄒᆞ니時에劉季의衆이임의數十百人이러라

沛令이 後悔어늘 父老ㅣ 乃率子弟ᄒᆞ야 共殺沛令ᄒᆞ고 開門迎劉季ᄒᆞ야 立以爲沛公ᄒᆞ고 旗幟를 皆赤ᄒᆞ니 由所殺蛇者ㅣ 赤帝子故也라 蕭曹等이 爲收沛子弟ᄒᆞ야 得三千人ᄒᆞ야 以應諸侯ᄒᆞ다

沛令이後悔ᄒᆞ거늘父老ㅣ이에子弟을率ᄒᆞ야한가지沛令을殺ᄒᆞ고門을開ᄒᆞ고劉季를迎ᄒᆞ야立ᄒᆞ야써沛公을ᄉᆞᆷ고旗幟를다赤케ᄒᆞ니蛇를殺ᄒᆞᆫ바人者ㅣ赤帝子인故로由ᄒᆞᆷ이라蕭曹等이爲ᄒᆞ야沛子弟를收ᄒᆞ야三千人을得ᄒᆞ야써諸侯를應ᄒᆞ다

項梁者는 楚將項燕의 子也ㅣ라 嘗殺人ᄒᆞ고 與兄子籍으로 避仇吳中이러니 籍이 少時에 學書不成去ᄒᆞ고 學劒又不成이어늘 項梁이 怒之ᄒᆞᆫ대

項梁이란者는楚將項燕의子이라일즉人을殺ᄒᆞ고兄子籍으로더브러仇를吳中에

避ᄒᆞ엿더니籍이少時에書를學ᄒᆞᄃᆡ成치못ᄒᆞ야去ᄒᆞ고劒을學ᄒᆞᄃᆡ또成치못ᄒᆞ거늘項梁이怒ᄒᆞᆫᄃᆡ

籍이曰書는足以記名姓而已오劒은一人敵이라不足學이니學萬人敵ᄒᆞ노이다於是에項梁이乃教籍兵法ᄒᆞ다

籍이曰書는足히써名과姓을記ᄒᆞᆯ다름이오劒은一人의敵이라足히學ᄒᆞᆯ것이아니니萬人敵ᄒᆞᆯ것을學ᄒᆞ겟노이다이에項梁이籍에게兵法을敎ᄒᆞ다

籍의長이八尺餘오力能扛鼎ᄒᆞ고才器過人이러라

籍의長이八尺餘오力이能히鼎을扛ᄒᆞ고才器가人에過ᄒᆞ더라

會稽守殷通이聞陳涉이起ᄒᆞ고欲發兵以應涉ᄒᆞ야使項梁으로將이어늘梁이乃使籍으로拔劍斬守頭ᄒᆞ고佩其印綬ᄒᆞ니門下ㅣ大驚擾亂이러니籍의所擊殺이數十百人이라一府中이皆慴伏ᄒᆞ야莫敢起러라(慴音懾)

會稽守殷通이陳涉이起ᄒᆞᆷ을聞ᄒᆞ고兵을發ᄒᆞ야써涉을應코져ᄒᆞ야項梁으로ᄒᆞ야곰將ᄒᆞ거늘梁이이에籍으로ᄒᆞ여곰劒을拔ᄒᆞ야守頭를斬ᄒᆞ고그印綬를佩ᄒᆞ니門下ㅣ크게驚ᄒᆞ야擾亂ᄒᆞ더니籍의擊ᄒᆞ야殺ᄒᆞᆫ바이數十百人이라一府中이다慴伏

(慴)懼也

(下縣)會稽管下諸縣

(裨將)將之偏副曰裨助也

(略定)畧地定之

(周市)楚將

(三公)秦以丞相太尉御史大

ᄒᆞ야敢히起치못ᄒᆞ더라

梁이乃擧吳中兵ᄒᆞ고使人收下縣ᄒᆞ야得精兵八千人ᄒᆞ다梁이爲會稽守ᄒᆞ고籍이爲裨將ᄒᆞ야徇下縣ᄒᆞ니籍이是時에年이二十四러라

梁이이에吳中兵을擧ᄒᆞ고人으로하여곰下縣을收ᄒᆞ야精兵八千人을得ᄒᆞ다梁이會稽守가되고籍이裨將이되야下縣을徇ᄒᆞ니籍이이ᄯᅢ에年이二十四러라

田儋者ᄂᆞᆫ故齊王族也라自立爲齊王ᄒᆞ고率兵東ᄒᆞ야略定齊地ᄒᆞ다

儋田이란者ᄂᆞᆫ故齊王族이라스ᄉᆞ로서齊王이되고兵을率ᄒᆞ고東으로ᄒᆞ야略ᄒᆞ야齊地를定ᄒᆞ다

韓廣이自立爲燕王ᄒᆞ다

韓廣이스ᄉᆞ로立ᄒᆞ야燕王이되다

周市ㅣ立魏公子咎ᄒᆞ야爲魏王ᄒᆞ다

周市가魏公子咎를立ᄒᆞ야魏王을ᄉᆞᆷ다

(癸巳)二年이라二世ㅣ數誚讓李斯ᄒᆞᆫ대(數音朔誚音哨責也)居三公位ᄒᆞ야如何

夫爲三公也
(督責)督察也

令盜로 如此오 李斯ㅣ 恐懼ᄒᆞ야 乃阿二世意ᄒᆞ야 以書對曰賢主ㅣ 必能行督責之術ᄒᆞ야 以獨斷於上이면 群臣百姓이 救過不給이니 何變之敢圖리잇고 二世ㅣ 悅ᄒᆞ야 於是에 行督責益嚴ᄒᆞ야 稅民深者를 爲明吏라ᄒᆞ고 殺人衆者를 爲忠臣이라ᄒᆞ니 刑者ㅣ 相半於道而死人이 日成積於市라 秦民이 益駭懼思亂이러라

二年이라二世ㅣ자조李斯를誚讓호ᄃᆡ三公의位에居ᄒᆞ야엇지홈으로盜로하여곰이와갓치ᄒᆞ는고李斯ㅣ恐懼ᄒᆞ야이에二世의意를阿ᄒᆞ야書로써對ᄒᆞ야曰賢主ㅣ반다시能히督責의術을行ᄒᆞ야써홀노上에셔斷ᄒᆞ면羣臣百姓이過를救ᄒᆞ여도給지못홀거시니엇지變홈을敢히圖ᄒᆞ리잇고二世ㅣ悅ᄒᆞ야이에督責을行홈을더욱嚴ᄒᆞ게ᄒᆞ야民에게稅을深히ᄒᆞ는者를明吏라ᄒᆞ고人을殺홈을衆히ᄒᆞ는者를忠臣이라ᄒᆞ니刑者ㅣ서로道에半ᄒᆞ고死ᄒᆞ는人이日로市에積홈을成ᄒᆞᄂᆞᆫ지라秦民이더욱놀나고두려워ᄒᆞ야亂을思ᄒᆞ더라

趙將李良이 襲殺趙王이어늘 張耳陳餘ㅣ 取散兵擊良ᄒᆞ고 乃求趙後ᄒᆞ야 立趙歇爲趙王ᄒᆞ다

趙將李良이襲ᄒᆞ야趙王을殺ᄒᆞ거늘張耳와陳餘ㅣ散兵을收ᄒᆞ야良을擊ᄒᆞ고이에趙後를求ᄒᆞ야趙歇을세워趙王을삼다

二世ㅣ益遣司馬欣董翳ᄒᆞ야佐章邯 音酣 擊盜ᄒᆞ니 陳王이敗走어늘其御莊賈ㅣ殺陳王以降ᄒᆞ다

二世ㅣ더司馬欣과董翳를遣ᄒᆞ야章邯을佐ᄒᆞ야盜를擊ᄒᆞ니陳王이敗ᄒᆞ야走ᄒᆞ거늘其御莊賈ㅣ陳王을殺ᄒᆞ야써降ᄒᆞ다

陳人秦嘉ㅣ起兵於郯이러니 音談東海縣名 聞陳王軍이敗ᄒᆞ고乃立景駒ᄒᆞ야爲楚王ᄒᆞ다景駒ㅣ在留에 徐州地名張良封留即此 沛公이往從之러니 張良이亦聚少年百餘人ᄒᆞ야道遇沛公ᄒᆞ야遂屬焉ᄒᆞ다

景駒姓名楚之公族

陳人秦嘉ㅣ兵을郯에셔起ᄒᆞ더니陳王軍이敗ᄒᆞᆷ을聞ᄒᆞ고이에景駒를立ᄒᆞ야楚王을삼다景駒ㅣ留에在ᄒᆞ거늘沛公이往ᄒᆞ야從ᄒᆞ엿더니張良이ᄯᅩ少年百餘人을聚ᄒᆞ야道에셔沛公을遇ᄒᆞ야드듸여屬ᄒᆞ다

(遇沛公)綱目沛公以良爲廐將廐將即掌馬之官名也

良이數以太公兵法으로說沛公ᄒᆞ니 太公姓姜名尙字子牙其先祖封呂從其封姓故曰呂尙周文王出獵而遇之載與俱歸立爲師言吾先君太公望

（黥布）坐黥論輸驪山亡之江中爲群盜番陽吳芮甚得江湖心其衆己數千人芮乃以妻使將其兵擊秦

子久矣因號太公望 太公兵法一帙三卷 沛公이 善之ᄒᆞ야 常用其策ᄒᆞ고 良이 爲他人言에 皆不省ᄒᆞ니 良이 曰沛公은 殆天授라 故로 遂從不去ᄒᆞ더라

良이자조太公兵法으로써沛公을說ᄒᆞ니沛公이善히여겨항상그策을用ᄒᆞ고良이他人을爲ᄒᆞ야言홈에다省치아니ᄒᆞ니良이曰沛公은자못天이授홈이라故로드대여從ᄒᆞ고去치안는다ᄒᆞ더라

項梁이 以八千人으로 渡江而西ᄒᆞ다

項梁이八千人으로써江을渡ᄒᆞ야西으로ᄒᆞ다

黥布者는 六人也니 姓은 英氏라 夏封皐陶之後於英六英布是其苗裔英盖 蓼字即春秋蓼國在光州六城在安豊西南 亡之江中ᄒᆞ야 爲群盜러니 聞項梁이 渡淮ᄒᆞ고 引兵屬焉ᄒᆞ다

黥布라ᄒᆞᄂᆞᆫ者는六人이니姓은英氏라江中에도망가서羣盜가되엿더니項梁이淮를渡홈을聞ᄒᆞ고兵을引ᄒᆞ고屬하다

項梁이 衆至六七萬人이라 軍下邳ᄒᆞ고 進擊秦嘉景駒ᄒᆞ야 殺之ᄒᆞ다

項梁이衆이六七萬人에至혼지라下邳에軍ᄒᆞ고進ᄒᆞ야秦嘉와景駒를擊ᄒᆞ야殺ᄒᆞ

다

沛公이往見梁ᄒᆞᆫ대梁이予沛公卒五千人ᄒᆞ다

沛公이가서梁을본대梁이沛公에게卒五千人을予ᄒᆞ다

項梁이使項羽로別攻襄城ᄒᆞ니襄城이堅守不下라已拔에皆坑之ᄒᆞ다

項梁이項羽로ᄒᆞ여곰別로히襄城을攻ᄒᆞ니襄城이굿게守ᄒᆞ고下치안는지라이믜拔홈에다坑ᄒᆞ다

(定死或云走死)

梁이聞陳王이定死ᄒᆞ고召諸別將ᄒᆞ야會薛計事ᄒᆞᆯ새沛公이亦往焉ᄒᆞ다

梁이陳王이定히死홈을聞ᄒᆞ고모든別將을召ᄒᆞ야薛에會ᄒᆞ야事를計ᄒᆞᆯ새沛公이또ᄒᆞᆫ往ᄒᆞᆫ다

居鄛人范增이年七十이라(鄛音勦廬江有居鄛縣)素居家ᄒᆞ야好奇計러니往說項梁曰陳勝이首事에不立楚後而自立ᄒᆞ니其勢ㅣ不長이라今君이

((首事)最先起兵也)

(從民望也)懷王槐入秦秦人留之薨於秦今順民望以其祖謚爲號

起江東에 楚蠭起之將이 (蠭古蜂字言起兵者衆如羣蜂之飛起也) 皆爭附君者는 以君이 世世楚將으로 能復立楚之後也라ᄒᆞᆫ대 於是에 項梁이 然其言ᄒᆞ야 乃求得楚懷王孫心ᄒᆞ야 (心名也) 立以爲楚懷王ᄒᆞ니 從民望也러라

居鄛人范增이 年이 七十이라 본대 家에 居ᄒᆞ야 奇ᄒᆞᆫ 計를 好ᄒᆞ더니 往ᄒᆞ야 項梁을 說ᄒᆞ야 曰 陳勝이 事를 首ᄒᆞᆷ에 楚의 後를 立치 아니ᄒᆞ고 스ᄉᆞ로 立ᄒᆞ엿스니 그 勢가 長치 못ᄒᆞᆫ지라 今에 君이 江東에 起ᄒᆞᆷ에 楚의 벌갓치 起ᄒᆞ는 將이 다 닷토어 君에게 附ᄒᆞ는 者는 君이 世々 楚將으로 能히 다시 楚의 後를 立ᄒᆞᆯ줄로 以ᄒᆞᆷ이라 ᄒᆞᆫ대 이에 項梁이 그 言을 그러히 여겨 이에 楚懷王의 孫心을 立ᄒᆞ야 써 楚懷王을 ᄉᆞᆷ으니 民의 望을 從ᄒᆞᆷ이러라

項梁이 自號武信君ᄒᆞ다

項梁이 스ᄉᆞ로 武信君이라 號ᄒᆞ다

張良이 說項梁曰 君이 已立楚後而韓諸公子橫陽君成이 最賢ᄒᆞ니 可立爲王ᄒᆞ야 益樹黨이라ᄒᆞᆫ대 梁이 使良으로 求韓成ᄒᆞ야 立以爲韓王

漢元年羽殺之ᄒᆞ다

張良이項梁을說ᄒᆞ여曰君이임의楚後를立ᄒᆞᆷ이韓諸公子橫陽君成이가쟝賢ᄒᆞ니立ᄒᆞ야王을삼어더욱黨을樹ᄒᆞᆷ이可ᄒᆞ다ᄒᆞᆫ듸梁이良으로하여곰韓成을求ᄒᆞ야立ᄒᆞ야써韓王을삼다

章邯이擊魏ᄒᆞᆯ서齊王儋과及楚將項它ㅣ(音他項羽從兄之子)皆將兵救魏러니章邯이大破齊楚軍ᄒᆞ고殺齊王儋ᄒᆞ니魏王咎는自燒死ᄒᆞ고其弟豹는亡之楚어늘楚懷王이予兵數千人ᄒᆞ야復徇魏地ᄒᆞ고立爲魏王ᄒᆞ다

章邯이魏를擊ᄒᆞᆯ시齊王儋과밋楚將頊它ㅣ다兵을將ᄒᆞ고魏를救ᄒᆞ더니章邯이크게齊楚軍을破ᄒᆞ고齊王儋를殺ᄒᆞ니魏王咎는스ᄉᆞ로燒ᄒᆞ야死ᄒᆞ고그弟豹는亡ᄒᆞ야楚로之ᄒᆞ거늘楚懷王이兵數千人을予ᄒᆞ야다시魏地를徇ᄒᆞ고立ᄒᆞ야魏王을삼다

田榮이收兄儋餘兵ᄒᆞ야東走東阿ᄒᆞ니章邯이追圍之어늘武信君이引兵擊破章邯軍於東阿下ᄒᆞ고追至濮陽ᄒᆞ야又破之ᄒᆞ다

田榮이兄儋의남어지군ᄉᆞ를收ᄒᆞ야東으로東阿로走ᄒᆞ니章邯이追ᄒᆞ야圍ᄒᆞ거늘武信君이兵을引ᄒᆞ고章邯의軍을東阿下에서擊破ᄒᆞ고追ᄒᆞ야濮陽에至ᄒᆞ야ᄯᅩ破ᄒᆞ다

郞中令趙高ㅣ恃恩專恣ᄒᆞ야以私怨으로誅殺人衆多라恐大臣이入朝奏事에言之ᄒᆞ야乃說二世曰天子ㅣ所以貴者는但以聞聲이오羣臣이莫得見其面也라陛下ㅣ不如深拱禁中ᄒᆞ야與臣及侍中習法者로待事라가事來어든有以揆之니如此則大臣이不敢奏疑事오天下ㅣ稱聖主矣리이다

(深拱)深居拱手也斂手曰拱

(禁中)門戶有禁非侍御者不得入故曰禁中

郞中令趙高ㅣ恩을恃ᄒᆞ고恣를專히ᄒᆞ야私怨으로써人衆을誅殺홈이多ᄒᆞᆫ지라大臣이朝에入ᄒᆞ야事를奏홈에言ᄒᆞᆯ가恐ᄒᆞ야이에二世를說ᄒᆞ여曰天子ㅣ써貴ᄒᆞᆫ바ㅣ者는다만聞聲으로써홈이오羣臣이시러곰그面을見치못홈이라陛下ㅣ깁히禁中에拱ᄒᆞ야臣과밋侍中의法을習ᄒᆞᆫ者로더브러事를待ᄒᆞ다가事ㅣ來ᄒᆞ거든써揆홈이有ᄒᆞᆯ지니이와갓ᄒᆞᆫ則大臣이敢히疑事를奏치못ᄒᆞᆯ것이오天下ㅣ聖主라稱ᄒᆞ리이다

(以爲言)斯欲言而高先聞之

(具斯五刑)秦法當三族者皆先黥劓斬左右趾者笞殺之梟其首者菹其骨肉於市其誹謗詈詛者又先斷舌謂之具五刑

二世ㅣ用其計ᄒᆞ야乃不坐朝廷見大臣ᄒᆞ고常居禁中ᄒᆞ야事皆決於趙高ᄒᆞ다

二世ㅣ그計를用ᄒᆞ야이에朝廷에坐ᄒᆞ야大臣을見치아니ᄒᆞ고常히禁中에居ᄒᆞ야事를다趙高에게決케ᄒᆞ다

高ㅣ聞李斯ㅣ以爲言ᄒᆞ고乃曰丞相長男李由ㅣ爲三川守ᄒᆞ야(洛陽有伊洛河三水故名焉或謂涇渭洛亦爲三川)與盜通ᄒᆞ고且丞相이居外ᄒᆞ야權重於陛下ㅣ니이다

高ㅣ李斯가써言ᄒᆞᆷ을聞ᄒᆞ고이에日丞相長男李由가三川守가되야盜로더브러通ᄒᆞ고또ᄒᆞᆫ丞相이外에居ᄒᆞ야權이陛下ㅣ브더重ᄒᆞ니이다

二世ㅣ以爲然ᄒᆞ야乃使人으로按驗三川守ㅣ與盜通狀ᄒᆞ고下斯吏ᄒᆞ니斯ㅣ就獄이어ᄂᆞᆯ二世ㅣ以屬趙高治之ᄒᆞᆫ디具斯五刑ᄒᆞ야論腰斬咸陽市ᄒᆞ니遂父子ㅣ相哭而夷三族이라(夷滅也父母兄弟妻子盡誅滅之也一說三族父族母族妻族)二世ㅣ以趙高로爲丞相ᄒᆞ야事無大小히皆決焉ᄒᆞ다

二世ㅣ써그러히여겨이에人으로하여곰三川守ㅣ盜로더브러通ᄒᆞᆫ狀을按驗ᄒᆞ고

(父子相哭)李由楚兵殺之此乃仲子也

斯를吏에게下ᄒᆞ니斯ㅣ獄에就ᄒᆞ거늘二世ㅣ써趙高에게屬ᄒᆞ야治케ᄒᆞᆫ대斯에五刑을具ᄒᆞ야腰를咸陽市에斬ᄒᆞ기를論ᄒᆞ니遂히父子ㅣ서로哭ᄒᆞ고三族을夷ᄒᆞᆫ지라二世ㅣ趙高로써丞相을삼어事에크고젹은것ᄒᆞᆯ것업시다決케ᄒᆞ다

項梁이已破章邯ᄒᆞ고引兵至定陶ᄒᆞ야(濟陰屬縣)再破秦軍ᄒᆞ고項羽沛公이又與秦軍으로戰於雍丘ᄒᆞ야大破之ᄒᆞ고斬李由ᄒᆞ니梁이益輕秦ᄒᆞ야有驕色이어늘宋義ㅣ諫曰戰勝而將驕卒惰者는敗ᄒᆞᄂᆞ니臣이爲君畏之ᄒᆞ노라梁이弗聽이러니二世ㅣ悉起兵ᄒᆞ야益章邯ᄒᆞ고擊楚軍ᄒᆞ야大破之定陶ᄒᆞ니項梁이死ᄒᆞ다

項梁이임의章邯을破ᄒᆞ고兵을引ᄒᆞ고定陶에至ᄒᆞ야두번秦軍을破ᄒᆞ고項羽와沛公이또秦軍으로더브러雍丘에셔戰ᄒᆞ야크게破ᄒᆞ고李由를斬ᄒᆞ니梁이더욱秦을輕히여겨驕ᄒᆞᆫ色이有ᄒᆞ거늘宋義ㅣ諫ᄒᆞ야曰戰을勝ᄒᆞ고將이驕ᄒᆞ고卒이惰ᄒᆞᆫ者는敗ᄒᆞᄂᆞ니臣이君을爲ᄒᆞ야畏ᄒᆞ노라梁이聽치아니ᄒᆞ엿더니二世ㅣ다兵을起ᄒᆞ야章邯에게益ᄒᆞ고楚軍을擊ᄒᆞ야크게定陶에서破ᄒᆞ니項梁이死ᄒᆞ다

章邯이已破項梁ᄒᆞ고乃渡河ᄒᆞ야北擊趙ᄒᆞ니趙ㅣ數請救於楚ㅣ어늘楚王

(宋義爲上將軍)義嘗以梁有驕色諫曰將驕卒惰者敗後果敗楚王聞其先策以爲上將也

以宋義로爲上將軍ᄒᆞ고項羽로爲次將ᄒᆞ야以救趙ᄒᆞᆯ서諸別將을皆屬宋義ᄒᆞ고號爲卿子冠軍이라ᄒᆞ다 卿子謂卿之子猶王之孫曰王孫公之子曰公子蓋褒尊之辭冠者加於首上言功冠諸軍之上也

章邯이임의項梁을破ᄒᆞ고이에河를渡ᄒᆞ야北으로趙를擊ᄒᆞ니趙ㅣ자조救를楚에請ᄒᆞ거ᄂᆞᆯ楚王이宋義로써上將軍을삼고項羽로次將을삼어써趙를救ᄒᆞᆯ시모든別將을다宋義에게屬ᄒᆞ고號ᄒᆞ야卿子冠軍이라ᄒᆞ다

初에楚懷王이與諸將으로約호대先入定關中者를王之라ᄒᆞ더니當是時ᄒᆞ야秦兵이彊ᄒᆞ야常乘勝逐北이라 北音佩俗音悖人好陽而惡陰北方幽陰之地故軍敗曰北 諸將이莫利先入關호대 莫利謂不以爲利也 獨項羽ㅣ怨秦之殺項梁ᄒᆞ야奮身ᄒᆞ야願與沛公으로西入關이어ᄂᆞᆯ

初에楚懷王이諸將으로더브러約호대먼져드러가關中을定ᄒᆞᄂᆞᆫ者를王ᄒᆞ이라ᄒᆞ더니이ᄯᅢ를當ᄒᆞ야秦兵이彊ᄒᆞ야항상勝을乘ᄒᆞ야逐北ᄒᆞᄂᆞᆫ지라諸將이먼져關에入홈을利롭다아니호ᄃᆡ홀로項羽ㅣ秦이項梁을殺홈을怨ᄒᆞ야身을奮ᄒᆞ야沛公으로더브러西으로關에入ᄒᆞ기를願ᄒᆞ거ᄂᆞᆯ

(更遣)更改也 (長者)長厚之人

(留四十六日)綱目遣其子襄相齊送之無鹽高

懷王의 諸老將이 皆曰項羽는 爲人이 慓悍猾賊ᄒᆞ야(慓音標悍音旱猾音滑) 嘗攻襄城에 襄城이 無遺類ᄒᆞ고 所過에 無不殘滅ᄒᆞ니 不如更遣長者ᄒᆞ야 扶義而西ᄒᆞ야(杖義西往) 告諭秦父兄이니 秦父兄이 苦其主ㅣ 久矣라 今에 誠得長者ᄒᆞ야 往無侵暴면 宜可下니 羽는 不可遣이오 獨沛公이 素寬大長者니 可遣이니이다 懷王이 乃不許羽而遣沛公ᄒᆞ야 西略地ᄒᆞ다

懷王의모든老將이다ᄀᆞᆯ오ᄃᆡ項羽ᄂᆞᆫ人됨이慓ᄒᆞ고悍ᄒᆞ고猾ᄒᆞ고賊ᄒᆞ야일즉이襄城을攻ᄒᆞᆷ의襄城이遺類가無ᄒᆞ고過ᄒᆞᄂᆞᆫ바에殘ᄒᆞ고滅ᄒᆞ지아느니가無ᄒᆞ니다시長者를遣ᄒᆞ야義를扶ᄒᆞ고西으로ᄒᆞ야秦父兄에게告諭ᄒᆞᆷ만如치못ᄒᆞ니秦父兄이그主를苦ᄒᆞᆷ이久ᄒᆞᆫ지라今에진실로長者를得ᄒᆞ야往ᄒᆞ야侵暴ᄒᆞᆷ이無ᄒᆞ면맛당이可히下ᄒᆞ리니羽ᄂᆞᆫ可히遣치말것이오홀로沛公이본ᄃᆡ寬大ᄒᆞᆫ長者ㅣ니可히遣ᄒᆞᆯ것이니이다懷王이이에羽를許치아니ᄒᆞ고沛公을遣ᄒᆞ야西으로地를略ᄒᆞ다

(甲午)三年이라 冬十月에 宋義ㅣ 行至安陽ᄒᆞ야(城名在己代縣) 留四十六日不進ᄒᆞ니 羽ㅣ 曰國兵이 新破에 王이 坐不安席ᄒᆞ샤 掃境內ᄒᆞ야 以屬將

會飲酒天寒大雨士卒凍飢項羽曰今歲飢民貧卒食半菽而飲食高會不恤士卒而循其私非社稷之臣也羽斬之

軍ᄒᆞ시니 國家安危ㅣ在此一擧어늘 今에不恤士卒而徇其私ᄒᆞ니 非社稷之臣也ㅣ라ᄒᆞ고 十一月에 項羽ㅣ 卽其帳中ᄒᆞ야 斬宋義ᄒᆞ고 乃悉引兵渡河ᄒᆞ야 皆沉船破釜(音腐)甑(音贈)ᄒᆞ고 燒廬舍ᄒᆞ고 持三日粮ᄒᆞ야 以示士卒必死ᄒᆞ고 於是에 與秦軍으로 遇ᄒᆞ야 九戰大破之ᄒᆞ고 虜王離ᄒᆞ다

三年이라冬十月에宋義ㅣ行ᄒᆞ야安陽에至ᄒᆞ야四十六日을留ᄒᆞ고進치아니ᄒᆞ니羽ㅣ曰國兵이ᄉᆡ로破홈에王이坐홈에席이安치못ᄒᆞ샤境內를掃ᄒᆞ야써將軍게屬ᄒᆞ시니國家의安ᄒᆞ고危홈이이한번擧홈에在ᄒᆞ거늘今에士卒을恤치아니ᄒᆞ고그私를徇ᄒᆞ니社稷의臣이아니라ᄒᆞ고十一月에項羽ㅣ그帳中에나아가宋義를斬ᄒᆞ고이에다兵을引ᄒᆞ고河를渡ᄒᆞ야다船을沉ᄒᆞ고釜와甑을破ᄒᆞ고廬舍를燒ᄒᆞ고三日粮을持ᄒᆞ야써士卒에게반다시死홈을示ᄒᆞ고이에秦軍으로더브러遇ᄒᆞ야아홉번戰홈에크게破ᄒᆞ고王離를虜ᄒᆞ다

當是時ᄒᆞ야 楚兵이 冠諸侯ㅣ라 於是에 始爲諸侯上將軍ᄒᆞ니 諸侯ㅣ皆屬焉이러라

이ᄯᅢ를當ᄒᆞ야楚兵이諸侯에冠ᄒᆞᆫ지라이에비로소諸侯上將軍이되니諸侯ㅣ다屬

(魏相)百官志每國置相一人主治民

(里監門)門之閭里士賤者也並五百家皆有門

(麾下)大將之旗下所以指麾

(易人)易輕小也

ᄒᆞ더라

春二月에沛公이北擊昌邑ᄒᆞᆯ서(在曹州成武縣東北)過彭越ᄒᆞ니越이以其兵으로從沛公이어ᄂᆞᆯ沛公이拜越爲魏相ᄒᆞ고使將兵ᄒᆞ야略定魏地ᄒᆞ다

春二月에沛公이北으로昌邑을擊ᄒᆞᆯ식彭越에게過ᄒᆞ니越이그兵으로써沛公을從ᄒᆞ거ᄂᆞᆯ沛公이越을拜ᄒᆞ야魏相을삼고ᄒᆞ여곰兵을將ᄒᆞ야魏地를노략ᄒᆞ야定케ᄒᆞ다

沛公이引兵西ᄒᆞ야過高陽ᄒᆞᆯ서(陳留圉縣有高陽鄉)高陽人酈食其ㅣ(音歷異基)爲里監門이러니沛公의麾下騎士ㅣ適食其里中人이라食其ㅣ見謂曰吾聞沛公은慢而易人ᄒᆞ고多大略이라ᄒᆞ니此ᄂᆞᆫ眞吾所願從遊로라

沛公이兵을引ᄒᆞ고西으로ᄒᆞ야高陽을過ᄒᆞᆯ식高陽人酈食其ㅣ里監門이되엿더니沛公의麾下騎士ㅣ맛참食其의里中人이라其食ㅣ보고일너曰吾ㅣ聞ᄒᆞ니沛公은慢ᄒᆞ고人을易히ᄒᆞ고大略이多ᄒᆞ다ᄒᆞ니此ᄂᆞᆫ참吾의從ᄒᆞ야遊홈을願ᄒᆞᄂᆞᆫ바이로라

(冠儒冠)上冠去聲下冠平聲
(溲溺)皆小便也
(第)但也
(傳舍)行人所止息前人已去後人復來
(長揖)手自上而極下
(長者)老人也食其自謂也
(攝衣)起而持其衣也

騎士ㅣ曰沛公은不好儒ᄒᆞ야諸生이冠儒冠來者ㅣ면沛公이輒解其冠ᄒᆞ야溲(音搜)溺(同尿)其中ᄒᆞ니未可以儒生으로說也ㅣ니라酈生이曰第言之ᄒᆞ라騎士ㅣ從容言이러니至高陽傳舍ᄒᆞ야(從容不迫之貌傳者轉轉相傳之義舍亭也猶今館驛)使人召酈生ᄒᆞ니

騎士ㅣ曰沛公은儒를好ᄒᆞ지아니ᄒᆞ야諸生이儒冠을쓰고來ᄒᆞᆫ者면沛公이믄득그冠을벗겨그가온대오좀을누엇스니可히儒生으로써說치말지니라酈生이曰앙케나言ᄒᆞ라騎士ㅣ從容이言ᄒᆞ엿더니高陽傳舍에至ᄒᆞ야人으로하여곰酈生을召ᄒᆞ니

酈生이至ᄒᆞ야入謁이어ᄂᆞᆯ沛公이方倨牀ᄒᆞ야(倨音據)使兩女子로洗足而見酈生ᄒᆞᆫ대生이長揖不拜曰足下ㅣ必欲誅無道秦인대不宜倨見長者니라於是에沛公이輟洗起攝衣ᄒᆞ고延生上坐謝之ᄒᆞ다

酈生이至ᄒᆞ야드러와謁ᄒᆞ거ᄂᆞᆯ沛公이바야흐로牀에倨ᄒᆞ야兩女子로하여곰足을洗ᄒᆞ고酈生을見ᄒᆞᆫ대生이長히揖ᄒᆞ고拜치아니ᄒᆞ고曰足下ㅣ반다시無道ᄒᆞᆫ秦을

誅코저홀진대倨ᄒᆞ야長者를見홈이宜치아니ᄒᆞ니라이에沛公이洗를輟ᄒᆞ고起ᄒᆞ야衣를攝ᄒᆞ고生을上坐로마져謝ᄒᆞ다

(糾合)繩三合糾糾合猶言締結也一說糾督也衝通道也(五達)四面往來通其中央凡五達

酈生이因言六國從橫時ᄒᆞᆫ대沛公이喜問曰計將安出고酈生이曰足下ㅣ起糾合之衆ᄒᆞ고收散亂之兵이不滿萬人이어늘欲以徑入彊秦ᄒᆞ니此는所謂探虎口者也ㅣ라夫陳留는(古兗州郡)天下之衝이오四通五達之郊也라今其城中에又多積粟ᄒᆞ고臣이善其令ᄒᆞ니請得使之ᄒᆞ야令下(彼自歸伏曰下言請得爲使而往說之可令其歸伏)足下ᄒᆞ리니即不聽이어든足下ㅣ擧兵攻之면臣이爲內應ᄒᆞ리니다

酈生이因ᄒᆞ야六國에從橫ᄒᆞ든時를言ᄒᆞᆫ되沛公이喜ᄒᆞ야問ᄒᆞ여曰計가장ᄎᆞᆺ어티로出홀고酈生이曰足下ㅣ糾合의衆을起ᄒᆞ고散亂의兵을收홈이萬人에滿치안커늘써徑히彊秦에入코저ᄒᆞ니이는謂ᄒᆞᆫ바虎의口를探ᄒᆞ는者라무릇陳留는天下의衝이오四로通ᄒᆞ고五로達ᄒᆞᆫ郊이라今에其城中에또積ᄒᆞᆫ粟이多ᄒᆞ고臣이그令을善히ᄒᆞ니請컨대시러곰使ᄒᆞ야하여곰足下에게下케ᄒᆞ리니곳聽치안커든足下ㅣ

兵을擧ᄒᆞ야攻ᄒᆞ면臣이內應이되리이다

於是에遣酈生行ᄒᆞ고沛公이引兵隨之ᄒᆞ야遂下陳留ᄒᆞ고號酈食其ᄒᆞ야爲廣野君ᄒᆞ니(廣野在河內山陽郡)酈生이常爲說客ᄒᆞ야使諸侯ᄒᆞ다

이에酈生을遣ᄒᆞ야行케ᄒᆞ고沛公이兵을引ᄒᆞ고隨ᄒᆞ야드ᄃᆡ여陳留를下ᄒᆞ고酈食其를號ᄒᆞ야廣野君을삼으니酈生이常히說客이되여諸侯에使ᄒᆞ다

夏四月에沛公이南攻潁川(郡名)屠之ᄒᆞ고因張良ᄒᆞ야遂略韓地ᄒᆞ다

夏四月에沛公이南으로潁川을攻ᄒᆞ야屠ᄒᆞ고張良을因ᄒᆞ야드ᄃᆡ여韓의地를畧ᄒᆞ다

良이引兵從沛公ᄒᆞ야略南陽郡ᄒᆞ니(屬荊州)南陽守齮ㅣ(郡守名失其姓)降이어늘引兵西ᄒᆞ니無不下者ㅣ오所過에亡(毋通)得鹵掠ᄒᆞ니(音魯署侵奪也)秦民이皆喜러라

良이兵을引ᄒᆞ고沛公을從ᄒᆞ야南陽郡을畧ᄒᆞ니南陽守齮ㅣ降ᄒᆞ거늘兵을引ᄒᆞ고西로ᄒᆞ니下치아니ᄂᆞᆫ者ㅣ無ᄒᆞ고過ᄒᆞᄂᆞᆫ바의시러곰鹵掠홈이無ᄒᆞ니秦民이다喜ᄒᆞ더라

王離軍이旣沒에章邯은軍棘原ᄒᆞ고(在鉅鹿南)項羽ᄂᆞᆫ軍漳南ᄒᆞ니(漳水之南)秦

兵이數却이라二世ㅣ使人으로讓章邯ᄒᆞᆫ대邯이恐ᄒᆞ야使長史欣으로請事咸陽이러니留司馬門三日ᄒᆞ대(宮垣中兵衛所在者有司馬主武事總稱外門爲司馬門)趙高ㅣ不見ᄒᆞ고有不信之心이어늘

王離의軍이임의沒ᄒᆞᆷ에章邯은棘原에軍ᄒᆞ고項羽ᄂᆞᆫ漳南에軍ᄒᆞ니秦兵이자조却ᄒᆞᄂᆞᆫ지라二世ㅣ人으로하여곰章邯을讓ᄒᆞᆫᄃᆡ邯이恐ᄒᆞ야長史欣으로하여곰事를咸陽에請ᄒᆞ엿더니司馬門에서留ᄒᆞᆫ지三日이되ᄃᆡ趙高ㅣ見치안코不信ᄒᆞᄂᆞᆫ心이有ᄒᆞ거ᄂᆞᆯ

欣이至軍報曰高ㅣ用事于中ᄒᆞ니下無可爲者ㅣ라(言在高下者不能爲軍旅事也)今에戰勝이라도高ㅣ必嫉吾功이오不勝이면不免於死ㅣ라ᄒᆞᆫ대邯이乃與羽로約盟洹水之上ᄒᆞ고已盟에邯이見羽流涕ᄒᆞ고爲言趙高ᄒᆞ니羽ㅣ乃立章邯爲雍王ᄒᆞ야置楚軍中ᄒᆞ고使長史欣으로爲上將軍ᄒᆞ야將秦軍爲前行ᄒᆞ다(行而前也)

欣이軍에至ᄒᆞ야報ᄒᆞ여曰高가事를中에서用ᄒᆞ니下ᄂᆞᆫ可히할者ㅣ無ᄒᆞᆫ지라今으

戰을勝ᄒᆞ드라도高ㅣ반다시吾의功을嫉ᄒᆞᆯ것이오勝치못ᄒᆞ면死를免치못ᄒᆞ리라
ᄒᆞᆫ대邯이이에羽로더브러約ᄒᆞ야洹水의上에서盟ᄒᆞ고임의盟ᄒᆞᆷ에邯이羽를見ᄒᆞ
고涕를流ᄒᆞ고위ᄒᆞ야趙高를言ᄒᆞ니羽ㅣ이에章邯을세워雍王을삼어楚軍中에置
ᄒᆞ고長史欣으로하여곰上將軍을삼어秦軍을거나리고前으로行케ᄒᆞ다

初애趙高ㅣ欲專秦權호ᄃᆡ恐羣臣이不聽ᄒᆞ야乃先設驗ᄒᆞ야持鹿獻於二世曰馬也ㅣ라ᄒᆞᆫᄃᆡ二世ㅣ笑曰丞相이誤耶아謂鹿爲馬오녀問左右ᄒᆞᆫᄃᆡ或默或言馬어늘高ㅣ因陰中 中音中害之也 諸言鹿者以法ᄒᆞ니後에羣臣이皆畏高ᄒᆞ야莫敢言其過러라

初에趙高ㅣ秦權을專코져호ᄃᆡ羣臣이聽치아니ᄒᆞᆯ가恐ᄒᆞ야이에먼져驗을設ᄒᆞ야
鹿을가져二世에게獻ᄒᆞ여曰馬라ᄒᆞᆫ대二世ㅣ笑ᄒᆞ야曰丞相이誤ᄒᆞᆫ가鹿을謂ᄒᆞ야
馬라ᄒᆞ고녀左右더러問ᄒᆞ니或默ᄒᆞ고或馬라言ᄒᆞ거늘高ㅣ因ᄒᆞ야가마니모든鹿
이라言ᄒᆞᆫ者를法으로써害ᄒᆞ니後에羣臣이다高를畏ᄒᆞ야敢히그過를言ᄒᆞ리업더
라

高ㅣ前에數言關東盜는無能爲也ㅣ라ᄒᆞ더니及項羽ㅣ虜王離等而

章邯等軍이數敗에關東이皆叛이라高ㅣ恐二世ㅣ怒ᄒᆞ야誅及其身ᄒᆞ야乃謝病不朝ᄒᆞ고陰與其婿咸陽令閻樂으로謀易置上ᄒᆞ고更立子嬰이러니

高ㅣ前에자조關東盜ᄂᆞᆫ能히ᄒᆞᆯ것이업다말ᄒᆞ더니밋項羽ㅣ王離等을虜ᄒᆞ고章邯等軍이자조敗ᄒᆞᆷ에關東이다叛ᄒᆞᄂᆞᆫ지라高ㅣ二世가怒ᄒᆞ야誅가그身에及ᄒᆞᆯ가恐ᄒᆞ야이에病을謝ᄒᆞ고朝치아니ᄒᆞ고가마니그婿咸陽令閻樂으로더브러밧구어上을置ᄒᆞ고다시子嬰을立ᄒᆞ기를謀ᄒᆞ엿더니

樂이將吏卒ᄒᆞ고入望夷宮ᄒᆞ야（臨涇水作之以望北夷在咸陽東南）與二世曰受命於丞相ᄒᆞ야誅足下ㅣ라ᄒᆞ고（群臣士庶相與言故呼在殿下閣下足下侍者執事者而先與之言因卑達尊之義皆謙辭也）麾其兵進ᄒᆞ니二世ㅣ自殺이어ᄂᆞᆯ趙高ㅣ乃立子嬰ᄒᆞ야爲秦王ᄒᆞ고令子嬰으로齋當廟見ᄒᆞ야受玉璽라ᄒᆞ더니

樂이吏卒을거나리고望夷宮으로入ᄒᆞ야二世로더브러曰命을丞相에게受ᄒᆞ야足下를誅ᄒᆞᆫ다ᄒᆞ고그兵을麾ᄒᆞ야進ᄒᆞ니二世ㅣ스ᄉᆞ로殺ᄒᆞ거ᄂᆞᆯ趙高ㅣ이에子嬰을

（玉璽）始皇得和氏璧命李斯篆之孫壽刻之方四寸其文曰受命于天既壽永昌字形如魚龍鳳鳥之

狀自漢高以來遂爲傳國璽

立ᄒᆞ야秦王을삼고子嬰으로ᄒᆞ여곰齋ᄒᆞ고맛당이廟에見ᄒᆞ야玉璽를受ᄒᆞ라ᄒᆞᆫ대

子嬰이與其子二人으로謀曰丞相高ㅣ殺二世ᄒᆞ고恐群臣이誅之ᄒᆞ야乃佯(音陽)以義立我ᄒᆞ고使我로齋見廟ᄒᆞ니我ㅣ稱病不行이면丞相이必自來ᄒᆞ리니來則殺之ᄒᆞ라ᄒᆞ더니高ㅣ果自往이어늘子嬰이遂刺殺高於齋宮ᄒᆞ고三族高家ᄒᆞ다

子嬰이그子二人으로더브러謀ᄒᆞ야曰丞相高ㅣ二世를殺ᄒᆞ고群臣이誅ᄒᆞᆯ가恐ᄒᆞ야이에그짓義로써我를立ᄒᆞ고我로ᄒᆞ여곰齋ᄒᆞ고廟에見ᄒᆞ라ᄒᆞ니我ㅣ病을稱ᄒᆞ고行치아니ᄒᆞ면丞相이반다시ᄉᆞᄉᆞ로來ᄒᆞ리니來ᄒᆞᆫ則殺ᄒᆞ리라ᄒᆞ더니高ㅣ果然ᄉᆞᄉᆞ로往ᄒᆞ거늘子嬰이드듸여高를齋宮에셔찔너죽이고高의家를三族ᄒᆞ다

子嬰이遣將將兵ᄒᆞ야距嶢關이어늘(嶢音遙在京兆南即雍州藍田關)沛公이欲擊之러니張良이曰秦兵이尙彊ᄒᆞ니未可輕이라願先遣人ᄒᆞ야益張旗幟於山上ᄒᆞ야爲疑兵ᄒᆞ고使酈食其陸賈로往說秦將ᄒᆞ야啗以利ᄒᆞ소서ᄒᆞᆫ대(啗音淡謂以利誘之如以食飮)

（沛公欲擊之一張良曰秦兵尙强未可輕襲臣聞秦將多屠賈之子易以利動願請留壁使人先行通賄却遣人益張旗幟於關下山上爲疑兵使食其陸賈往說秦將啗以利待其不備而襲之必然大勝也公從其謀秦將果欲連和

之令其啗食耳 秦將이果欲連和어늘沛公이欲許之러니張良이曰此는獨其將이欲叛이나恐其士卒이不從이니不如因其懈怠ᄒᆞ야擊之니이다沛公이引兵繞嶢關ᄒᆞ야踰蕢(音塊)山ᄒᆞ야擊秦軍大破之ᄒᆞ고遂至藍田ᄒᆞ야又戰其北ᄒᆞ니秦兵이大敗ᄒᆞ다

子嬰이將을遣ᄒᆞ야兵을將ᄒᆞ야嶢關을距ᄒᆞ거늘沛公이擊코져ᄒᆞ엿더니張良이曰秦兵이오히려疆ᄒᆞ니可히輕히못ᄒᆞᆯ지라願컨ᄃᆡ먼져人을遣ᄒᆞ야旗幟를山上에더베프러疑兵을ᄉᆞᆷ고酈食其와陸賈로ᄒᆞ여곰往ᄒᆞ야秦將을說ᄒᆞ야利로ᄡᅥ啗ᄒᆞ소셔ᄒᆞᆫ대秦將이果然連和코져ᄒᆞ거늘沛公이許코져ᄒᆞ엿더니張良이曰이는ᄒᆞᆯ노그將이叛코져ᄒᆞᆷ이나그士卒이從치아니ᄒᆞᆯ가두려우니그懈怠ᄒᆞᆷ을因ᄒᆞ야擊ᄒᆞᆷ만갓지못ᄒᆞ니이다沛公이兵을引ᄒᆞ고嶢關을繞ᄒᆞ야蕢山을踰ᄒᆞ야秦軍을擊ᄒᆞ야크게破ᄒᆞ고드ᄃᆡ여藍田에至ᄒᆞ야ᄯᅩ그北에戰ᄒᆞ니秦兵이크게敗ᄒᆞ다

右秦自莊襄王至子嬰合四十三年子嬰爲王四十六日而降于漢

(秦王)趙高殺二世曰秦古王國始皇君天下故稱帝今六國復立爲王如古便乃立子嬰爲秦王也
(皇帝璽)皇帝有六璽皇帝行璽皇帝之璽皇帝信璽天子行璽天子之璽天子信璽傳國璽此是六璽之外也

漢紀

太祖高皇帝上(諱邦字季 姓劉氏) 在位十二年 壽五十三

豁達大度寬仁愛人好謀能聽知人善任五載而成帝業然不事詩書禮文制度大抵襲秦所以漢治不能復古

(乙未)楚義帝心元西楚霸王項籍元漢王劉邦元韓三年○是歲秦亡新舊大國三小國十七凡二十國 冬十月에(以高祖十月至霸上故因秦以十月爲歲首) 沛公이 至霸上ᄒᆞ니 秦王子嬰이 素車白馬로 係頸以組ᄒᆞ고(組天子之紱也係頸者以示降服欲其自殺也) 封皇帝璽符節ᄒᆞ야 降軹道旁이어늘(軹音只軹道亭在沛水西) 諸將이 或言誅秦王ᄒᆞᆫ대 沛公이 曰始에 懷王이 遣我ᄂᆞᆫ 固以能寬容이라 且人이 已服降이어ᄂᆞᆯ 殺之不祥이라ᄒᆞ고 乃以屬吏ᄒᆞ다

冬十月에沛公이霸上에至ᄒᆞ니秦王子嬰이素車白馬로頸을組로써係ᄒᆞ고皇帝의璽符節을封ᄒᆞ야軹道ᄀᆞᆺ헤서降ᄒᆞ거ᄂᆞᆯ諸將이或秦王을誅ᄒᆞ라言ᄒᆞᆫ대沛公이曰비로소懷王이我ᄅᆞᆯ遣ᄒᆞᆷ은진실로能히寬ᄒᆞ고容ᄒᆞᆷ을以ᄒᆞᆷ이라ᄯᅩ人이임의服降ᄒᆞ엿거ᄂᆞᆯ殺ᄒᆞᆷ은祥치안타ᄒᆞ고이에써吏에屬ᄒᆞ다

沛公이 西入咸陽ᄒᆞ니 諸將이 皆爭走金帛財物之府ᄒᆞ야 分之ᄒᆞᄃᆡ 蕭

何ᄂᆞᆫ獨先入ᄒᆞ야收秦丞相府圖籍地圖戶籍ᄒᆞ야藏之ᄒᆞ니以此로沛公이得具知天下阨塞阨音厄亦塞也과戶口多少와彊弱之處ᄒᆞ니라

沛公이西으로咸陽에入ᄒᆞ니諸將이ᄃᆞ토어金帛과財物의府에走ᄒᆞ야分ᄒᆞᄃᆡ蕭何ᄂᆞᆫ홀노먼저入ᄒᆞ야秦丞相府圖籍을收ᄒᆞ야藏ᄒᆞ니이로써沛公이시러곰갓초어天下의阨塞과戶口의多少와彊弱의處를知ᄒᆞ니라

沛公이見秦宮室帷帳과狗馬重寶와婦女以千數ᄒᆞ고意欲留居之어ᄂᆞᆯ樊噲ㅣ諫曰沛公이欲有天下耶아將爲富家翁耶아凡此奢麗之物은皆秦所以亡也니沛公이何用焉이리오願急還霸上ᄒᆞ고無留宮中ᄒᆞ소서

沛公이秦의宮室과帷帳과狗와馬와重寶와婦女를千으로써數ᄒᆞᆷ을見ᄒᆞ고意에留ᄒᆞ야居코져ᄒᆞ거ᄂᆞᆯ樊噲ㅣ諫ᄒᆞ야曰沛公이天下를두고져ᄒᆞᄂᆞᆫ가장ᄎᆞᆺ富家翁이되려ᄂᆞᆫ가므릇이奢麗의物은다秦이써亡ᄒᆞᆫ바이니沛公이무엇에用ᄒᆞ리오願컨ᄃᆡ急히霸上으로還ᄒᆞ고宮中에留치마르소서

沛公이不聽이어늘張良이曰秦爲無道故로沛公이得至此ᄒᆞ니夫爲
天下除殘賊인ᄃᆡ宜縞素爲資어늘(縞音皓繒之精白者素無采飾也資藉也言宜儉素以爲藉也)今始入秦ᄒᆞ야
卽安其樂이면此ᄂᆞᆫ所謂助桀爲虐이라且忠言이逆耳나利於行이오
毒藥이苦口나利於病이니願沛公은聽噲言ᄒᆞ소서沛公이乃還軍霸
上ᄒᆞ다

沛公이聽치안커늘張良이曰秦이無道ᄒᆞᆫ고로沛公이此에至ᄒᆞᆷ을得ᄒᆞ엿스니무릇天下를위ᄒᆞ야殘賊을除ᄒᆞᆯ진대맛당이縞素로資ᄒᆞᆯ것이어늘이제비로소秦에入ᄒᆞ야곳그樂을安ᄒᆞ면이ᄂᆞᆫ일운바桀을助ᄒᆞ야虐을ᄒᆞᆷ이라또忠ᄒᆞᆫ言이耳에逆ᄒᆞ나行에利ᄒᆞ고毒ᄒᆞᆫ藥이口에苦ᄒᆞ나病에利ᄒᆞᄂᆞ니願컨ᄃᆡ沛公은噲의言을聽ᄒᆞ소서沛公이이에軍을霸上으로還ᄒᆞ다

十一月에沛公이悉召諸縣父老豪傑ᄒᆞ야謂曰父老ㅣ苦秦苛
法이久矣라誹謗者를族ᄒᆞ고偶語者를棄市ᄒᆞ러니吾當王關中ᄒᆞ야與父
老로約法三章耳로니殺人者ᄂᆞᆫ死ᄒᆞ고傷人及盜ᄂᆞᆫ抵罪ᄒᆞ고(抵至也當也秦法一人犯罪擧家及)

隣伍皆坐之今但當其身坐而已也 餘는 悉除去秦法ᄒᆞ노니 諸吏民은 皆案堵如故ᄒᆞ라 凡吾所以來는 爲父老除害오 非有所侵暴니 無恐ᄒᆞ라 且吾所以還軍霸上은 待諸侯至而定約束耳라ᄒᆞ고 乃使人與秦吏로 行縣鄕邑ᄒᆞ야 告諭之ᄒᆞ니 秦民이 大喜ᄒᆞ야 爭持牛羊酒食ᄒᆞ고 獻饗軍士어늘 沛公이 又讓不受曰倉粟이 多ᄒᆞ고 非乏ᄒᆞ니 不欲費民이라ᄒᆞᆫ대 民又益喜ᄒᆞ야 唯恐沛公이 不爲秦王이러라

十一月에沛公이다諸縣父老와豪傑을召ᄒᆞ야謂ᄒᆞ여曰父老ㅣ秦의苛法을苦ᄒᆞᆫ지久ᄒᆞᆫ지라誹謗ᄒᆞ는者를族ᄒᆞ고偶語ᄒᆞ는者를市에棄ᄒᆞ더니吾ㅣ맛당이關中에王ᄒᆞ야父老로더브러法三章을約ᄒᆞ노니人을殺ᄒᆞ는者는死ᄒᆞ고人을傷ᄒᆞ고밋盜ᄒᆞᆷ은罪에抵ᄒᆞ고餘는다秦法을除去ᄒᆞ노니諸吏民은다堵을案히ᄒᆞᆷ을故와갓치ᄒᆞ라므릇吾ㅣ써來ᄒᆞᆫ바人者는父老를爲ᄒᆞ야害를除ᄒᆞᆷ이요侵暴ᄒᆞ는바가有ᄒᆞᆷ은아니니恐치말나또吾ㅣ써軍을霸上에還ᄒᆞ는바는諸侯가至ᄒᆞᆷ을待ᄒᆞ야約束을定ᄒᆞᆷ이라ᄒᆞ고이에人으로ᄒᆞ여곰秦吏로더브러縣과鄕과邑을行ᄒᆞ야告ᄒᆞ야諭ᄒᆞ니秦民

(坑秦卒)先時諸侯吏卒繇戍過秦中秦人遇之多無狀及秦軍降楚吏卒乘勝折辱奴虜使之秦吏卒多怨言羽計衆心不服至關必危於是擊坑
(或說沛公)文章正宗鱖生也

이크게喜ᄒᆞ야닷토어牛와羊과酒와食을가지고드려軍士을饗ᄒᆞ거ᄂᆞᆯ沛公이또사양ᄒᆞ고受치아니ᄒᆞ여曰倉粟이多ᄒᆞ고乏지아니ᄒᆞ니民을費코져ᄒᆞ지안는다ᄒᆞᆫ대民이더욱喜ᄒᆞ야오작沛公이秦王이되지아니ᄒᆞᆯ가恐ᄒᆞ더라

項羽ㅣ旣定河北ᄒᆞ고率諸侯兵ᄒᆞ야欲西入關이러니秦降卒이多怨言이어ᄂᆞᆯ羽ㅣ乃夜擊ᄒᆞ야坑秦卒二十餘萬人新安城南ᄒᆞ다(城在各州)

項羽ㅣ임의河北을定ᄒᆞ고諸侯兵을率ᄒᆞ야西으로關에入코져ᄒᆞ더니秦降卒이怨ᄒᆞᄂᆞᆫ言이多ᄒᆞ거ᄂᆞᆯ羽ㅣ이에夜에擊ᄒᆞ야秦卒二十餘萬人을新安城南에坑ᄒᆞ다

或이說沛公曰秦富ᄂᆞᆫ十倍天下ᄒᆞ고地形이彊이라聞項羽ㅣ號秦降將章邯ᄒᆞ야爲雍王ᄒᆞ고王關中이라ᄒᆞ니今卽來라沛公이恐不得有此ㅣ니可急使兵으로守函谷關ᄒᆞ야無納諸侯軍ᄒᆞ고稍徵關中兵ᄒᆞ야以自益距之ᄒᆞ라沛公이然其計ᄒᆞ야從之ᄒᆞ다

或이沛公을說ᄒᆞ야曰秦의富ᄂᆞᆫ天下에十倍나되고地形이彊ᄒᆞᆫ지라드르니項羽ㅣ秦降將章邯을號ᄒᆞ야雍王을삼고關中에王ᄒᆞ려ᄒᆞᆫ다ᄒᆞ니今에곳來ᄒᆞᆯ지라沛公이두렵건대시러곰此ᄅᆞᆯ有치못ᄒᆞᆯ것이니可히急히兵으로하여곰函谷關을守ᄒᆞ야諸

侯軍을 納치말고더關中兵을徵ᄒᆞ야써ᄉᆞᄉᆞ로益ᄒᆞ야距ᄒᆞ라沛公이그計를그러히여겨從ᄒᆞ다

已而오項羽ㅣ至關ᄒᆞ니關門이閉타聞沛公이 已定關中ᄒᆞ고 大怒ᄒᆞ야使黥布等으로攻破函谷關ᄒᆞ고十二月에 項羽ㅣ 進至戲러니(水名在新豐東)沛公의左司馬曹無傷이 使人으로言羽曰沛公이欲王關中ᄒᆞ야珍寶를盡有之ᄒᆞ고欲以求封이라ᄒᆞᆫ디

얼마잇다가項羽ㅣ關에至ᄒᆞ니關門이閉ᄒᆞᆫ지라沛公이임의關中을定ᄒᆞᆷ을聞ᄒᆞ고크게怒ᄒᆞ야黥布等으로ᄒᆞ야곰函谷關을쳐셔破ᄒᆞ고十二月에項羽ㅣ나아가戲에至ᄒᆞ엿더니沛公의左司馬曹無傷이人으로하여곰羽에게言ᄒᆞ여曰沛公이關中에王코져ᄒᆞ야珍寶을다有ᄒᆞ고써封ᄒᆞ기를求코져ᄒᆞᆫ다ᄒᆞᆫ대

(旦日)明日也

羽ㅣ大怒ᄒᆞ야饗士卒ᄒᆞ고期旦日에擊沛公軍ᄒᆞ니當是時ᄒᆞ야 羽兵은四十萬이니號를 百萬이라ᄒᆞ야 在新豐鴻門ᄒᆞ고(地名在戲西) 沛公兵은 十萬이니 號를二十萬이라ᄒᆞ야在霸上ᄒᆞ다

羽ㅣ크게怒ᄒᆞ야士卒을饗ᄒᆞ고旦日에沛公의軍을擊ᄒᆞ기期ᄒᆞ니이ᄯᅢ를當ᄒᆞ야羽兵은四十萬이니號를百萬이라ᄒᆞ야新豐鴻門에在ᄒᆞ고沛公兵은十萬이니號를二十萬이라ᄒᆞ야霸上에在ᄒᆞ다

范增이說羽曰沛公이居山東時에貪財好色이러니今入關에財物을無所取ᄒᆞ고婦女를無所幸ᄒᆞ니此는其志ㅣ不小라吾ㅣ令人으로望其氣ᄒᆞ니皆爲龍成五采ᄒᆞ니此는天子氣也라急擊勿失ᄒᆞ소서

范增이羽를說ᄒᆞ여曰沛公이山東에居ᄒᆞᆯ時에財를貪ᄒᆞ고色을好ᄒᆞ더니이졔關에入ᄒᆞᆷ에財物을取ᄒᆞᆫ바이無ᄒᆞ고婦女를幸ᄒᆞᆫ바이無ᄒᆞ니此는그志가小치아는지라吾ㅣ人으로하여곰그氣를望ᄒᆞ니다龍이五采를成ᄒᆞᆷ이되니此는天子의氣라急히擊ᄒᆞ고失치마소서

項伯者는項羽의季父也라(伯字名纏) 素善張良이러니夜馳見良ᄒᆞ야具告以事ᄒᆞ고欲呼與俱去ᄒᆞᆫ듸張良이曰臣이爲韓王ᄒᆞ야送沛公ᄒᆞ니沛公이今有急이어늘亡去는不義라不可不語라ᄒᆞ고良이乃入ᄒᆞ야具告沛公ᄒᆞ고

(倍德)倍與背亦通

固要項伯ᄒᆞ야入見沛公ᄒᆞᆫ디

項伯이란者ᄂᆞᆫ項羽의季父라본대張良을조와ᄒᆞ더니夜에달녀良을見ᄒᆞ야갓초어事로써告ᄒᆞ고呼ᄒᆞ야더브러한가지去코져ᄒᆞᆫ대張良이曰臣이韓王을爲ᄒᆞ야沛公에게送ᄒᆞ엿스니沛公이今에急ᄒᆞᆷ이잇거늘亡ᄒᆞ야去ᄒᆞᆷ은義가아니라可히語치아니ᄒᆞᆯ수가업다ᄒᆞ고良이이에드러가갓초어沛公에게告ᄒᆞ고굿이項伯을要ᄒᆞ야드러가沛公을見케ᄒᆞᆫ대

沛公이奉巵酒爲壽ᄒᆞ고(巵飲酒禮器也 壽上酒稱壽也)約爲婚姻曰吾ㅣ入關ᄒᆞ야秋毫를不敢有所近ᄒᆞ고籍吏民封府庫ᄒᆞ야而待將軍ᄒᆞ니所以遣將守關者ᄂᆞᆫ備他盜也라豈敢反乎ㅣ리오願伯은明言不敢倍德ᄒᆞ라

沛公이巵酒를밧드러壽를ᄒᆞ고婚姻을約ᄒᆞ여曰吾ㅣ關에入ᄒᆞ야秋毫를敢히近히ᄒᆞᆫ바이有치안코吏民을籍ᄒᆞ고府庫을封ᄒᆞ야將軍을待ᄒᆞ니써將을遣하야關을守ᄒᆞᆫ밧者ᄂᆞᆫ他盜을備ᄒᆞᆷ이라웃지敢히反ᄒᆞ리오願컨ᄃᆡ伯은敢히德을倍치안ᄂᆞᆫ다고밝히言ᄒᆞ라

項伯이許諾ᄒᆞ고謂沛公曰旦日에不可不早自來謝니라沛公이曰

諾다 於是에 項伯이 復夜去ᄒᆞ야 俱以沛公言으로 報羽ᄒᆞ고 因言曰沛公이 不先破關中이면 公이 豈敢入乎리오 今人이 有大功而擊之는 不義也니 不如因善遇之니라 項羽ㅣ 許諾ᄒᆞ다

項伯이許諾ᄒᆞ고沛公다려謂ᄒᆞ야曰旦日에可히일쯕이스ᄉᆞ로와서謝치아니치못ᄒᆞᆯ지니라沛公이曰諾다이에項伯이다시夜에去ᄒᆞ야한가지沛公의言으로써羽에게報ᄒᆞ고因ᄒᆞ야言ᄒᆞ야曰沛公이먼저關中을破치아니ᄒᆞ얏스면公이엇지敢히入ᄒᆞ얏스리오今에人이大功이有ᄒᆞ거늘擊ᄒᆞᆷ은義가아니니因ᄒᆞ야善히遇ᄒᆞᆷ만如치못ᄒᆞ니라項羽ㅣ許諾ᄒᆞ다

沛公이 旦日에 從百餘騎ᄒᆞ야 來見羽鴻門ᄒᆞ고 謝曰臣이 與將軍으로 戮力而攻秦ᄒᆞᆯ새 將軍은 戰河北ᄒᆞ고 臣은 戰河南이러니 不自意先入關ᄒᆞ야 能破秦ᄒᆞ고 得復見將軍於此로다 今者에 有小人之言ᄒᆞ야 令將軍與臣으로 有隙이로다

沛公이旦日에百餘騎를從ᄒᆞ야와서羽를鴻門에서見ᄒᆞ고謝ᄒᆞ여曰臣이將軍으

로더브러力을戮ᄒᆞ야秦을攻ᄒᆞᆯ식將軍은河北에서戰ᄒᆞ고臣은河南에서戰ᄒᆞ엿더니스사로먼저關에入ᄒᆞ야能히秦을破ᄒᆞ고시러곰다사將軍을此에서見ᄒᆞᆯ줄은意치아니ᄒᆞ엿노라이졔小人의言이有ᄒᆞ야將軍으로하여곰臣으로더브러隙이有케하엿도다

項羽ㅣ曰此는沛公의左司馬曹無傷이言之라不然이면籍이何以至此리오羽ㅣ因留沛公飮ᄒᆞᆯ서范增이數目羽ᄒᆞ고(謂頻數動目以諭之)擧所佩玉玦ᄒᆞ야以示之者ㅣ三이로대(玦音决玉佩也如環而有缺示以富決斷者也)羽ㅣ不應이어늘

項羽ㅣ曰이는沛公의左司馬曹無傷이言홈이라然치안으면籍이웃지써此에至하리오羽ㅣ因ᄒᆞ야沛公을留ᄒᆞ여飮ᄒᆞᆯ식范增이자조羽를目ᄒᆞ고佩ᄒᆞᆫ바玉玦을擧ᄒᆞ야써示ᄒᆞᆫ者ㅣ三이로대羽ㅣ應치안거늘

(若)汝也

增이起出ᄒᆞ야召項莊ᄒᆞ야謂曰君王의爲人이不忍ᄒᆞ니若이入前爲壽ᄒᆞ고壽畢에請以劒舞ᄒᆞ야因擊沛公於坐ᄒᆞ야殺之ᄒᆞ라不者ㅣ면若屬이皆且爲所虜ㅣ리라

增이起ᄒᆞ야出ᄒᆞ야項莊을召ᄒᆞ야謂ᄒᆞ여曰君王의人됨이참아못ᄒᆞ니네가前에入ᄒᆞ야壽를ᄒᆞ고壽가畢ᄒᆞᆷ에劒舞로써請ᄒᆞ야因ᄒᆞ야沛公을坐에셔擊ᄒᆞ야殺ᄒᆞ라아니면너의부치가다ᄯᅩ虜ᄒᆞᆯ바ㅣ되리라

莊이入爲壽ᄒᆞ고壽畢에曰軍中에無以爲樂ᄒᆞ니請以劍舞ᄒᆞ노이다羽ㅣ曰諾다項莊이拔劍起舞어늘項伯이亦拔劒起舞ᄒᆞ야常以身으로翼蔽沛公ᄒᆞ니莊이不得擊이라

莊이드러가壽를ᄒᆞ고壽를畢ᄒᆞᆷ에曰軍中에써樂될것이無ᄒᆞ니請컨대劍으로써舞ᄒᆞ겟노이다羽ㅣ曰諾다項莊이劍을拔ᄒᆞ야起ᄒᆞ야舞ᄒᆞ거늘項伯이ᄯᅩ劍을拔ᄒᆞ야起ᄒᆞ야舞ᄒᆞ야일즉身으로써翼ᄒᆞ야沛公을蔽ᄒᆞ니莊이擊ᄒᆞᆷ을得지못ᄒᆞᆫ지라

於是에張良이至軍門ᄒᆞ야見樊噲曰今項莊이拔劍舞ᄒᆞ니其意ㅣ常在沛公也러라噲ㅣ曰此ㅣ迫矣라ᄒᆞ고即帶劍擁盾ᄒᆞ고入軍門ᄒᆞ야拔帷立ᄒᆞ야瞋目示項羽ᄒᆞ니頭髮이上指ᄒᆞ고目眦ㅣ盡裂이라 瞋音眞 眦音刺

이에張良이軍門에至ᄒᆞ야樊噲를보고曰今에項莊이劍을拔ᄒᆞ야舞ᄒᆞ니그ᄯᅳᆺ이常해沛公에게在ᄒᆞ더라噲ㅣ曰此ㅣ迫ᄒᆞ다ᄒᆞ고곳劍을帶ᄒᆞ고盾을擁ᄒᆞ고軍門에入

ᄒᆞ야帷를披ᄒᆞ고立ᄒᆞ야目을瞋ᄒᆞ고項羽를視ᄒᆞ니頭髮이上을指ᄒᆞ고目眦ㅣ다裂ᄒᆞᆫ지라

(巵)受四升斗巵受一斗之巵也

羽ㅣ曰壯士ㅣ라賜之巵酒ᄒᆞ라則與斗巵酒ᄒᆞᆫᄃᆡ噲ㅣ飮之어ᄂᆞᆯ羽ㅣ曰賜之彘肩ᄒᆞ라則與一生彘肩ᄒᆞᆫᄃᆡ噲ㅣ拔劍切而啗之어ᄂᆞᆯ羽ㅣ曰壯士라復能飮乎아噲ㅣ曰臣이死且不避어든巵酒를安足辭리오

羽ㅣ曰壯士ㅣ라巵酒를賜ᄒᆞ라곳斗巵酒를與ᄒᆞᆫᄃᆡ噲ㅣ飮ᄒᆞ거ᄂᆞᆯ羽ㅣ曰彘肩을賜ᄒᆞ라곳ᄒᆞᆫ生ᄒᆞᆫ彘肩을與ᄒᆞᆫᄃᆡ噲ㅣ劍을拔ᄒᆞ야오려셔啗ᄒᆞ거ᄂᆞᆯ羽ㅣ曰壯士ㅣ라다시能히飮ᄒᆞ겟ᄂᆞ냐噲ㅣ曰臣이死홈도ᄯᅩ避치아니ᄒᆞ거든巵酒를엇지足히辭ᄒᆞ리오

夫秦이有虎狼之心ᄒᆞ야殺人을如不能擧ᄒᆞ고刑人을如恐不勝ᄒᆞ니天下ㅣ皆叛之ㅣ라懷王이與諸將으로約曰先破秦入咸陽者를王之라ᄒᆞ니今에沛公이先破秦入咸陽ᄒᆞ야毫毛를不敢有所近ᄒᆞ고還軍霸上ᄒᆞ야以待將軍ᄒᆞ니勞苦而功高ㅣ如此어ᄂᆞᆯ未有封爵之賞而

(間行)從徼路而行

聽細人之說ᄒᆞ고 欲誅有功之人ᄒᆞ니 此는 亡秦之續耳라 竊爲將軍不取也ᄒᆞ노라 須臾에 沛公이 起如廁이라가 因招噲出ᄒᆞ야 間行趣霸上ᄒᆞ고 留張良ᄒᆞ야 使謝羽ᄒᆞ다

무릇秦이虎狼의心이有ᄒᆞ야人을殺ᄒᆞᆷ을能히擧치못ᄒᆞ는것갓치ᄒᆞ며人을刑ᄒᆞᆷ을勝치못ᄒᆞᆯ가恐ᄒᆞ는것갓치ᄒᆞ니天下ㅣ다叛ᄒᆞᆫ지라懷王이諸將으로더부러約ᄒᆞ야曰먼저秦을破ᄒᆞ고咸陽에入ᄒᆞ는者를王ᄒᆞᆫ다ᄒᆞ엿스니今에沛公이먼저秦을破ᄒᆞ고咸陽에入ᄒᆞ야毫毛를敢히近히ᄒᆞᆫ바이有치안코軍을霸上에還ᄒᆞ야써將軍을待ᄒᆞ니勞苦ᄒᆞ고功이高ᄒᆞᆷ이이와갓거늘封爵의賞이有치안코細人의說을聽ᄒᆞ야功이有ᄒᆞᆫ人을誅코져ᄒᆞ니此는亡ᄒᆞᆫ秦의續이라그윽이將軍을爲ᄒᆞ야取치안노라잠간잇다가沛公이이러나廁에간다ᄒᆞ고인ᄒᆞ야噲를불너내여間으로行ᄒᆞ야霸上에趣ᄒᆞ고張良을留ᄒᆞ야하여곰羽에게謝ᄒᆞ다

居數日에 項羽ㅣ引兵西屠咸陽ᄒᆞ야 殺秦降王子嬰ᄒᆞ고 燒秦宮室ᄒᆞ니 火ㅣ三月不滅이라 收其貨寶婦女而東ᄒᆞ니 秦民이 大失望이러라

居ᄒᆞᆫ지數日에項羽ㅣ兵을引ᄒᆞ고西으로咸陽을屠ᄒᆞ야秦降王子嬰을 殺하고秦宮

(衣繡夜行)言無人見心不顯榮也 (猴)師古曰獼猴也

室를燒ᄒᆞ니火ㅣ三月이나滅치안터라그貨寶와婦女를收ᄒᆞ야東으로ᄒᆞ니秦民이크게望을失ᄒᆞ엿더라

韓生이說項羽曰關中은阻山帶河ᄒᆞ니四塞之地오(東有黃河函谷蒲津龍門合河等關南有南山武關嶢關西有大隴山及隴山大震烏蘭等關北有黃河南塞是謂四塞)地肥饒ᄒᆞ니可都以霸라ᄒᆞᆫ대羽ㅣ見秦宮室이皆已燒殘破ᄒᆞ고又心思東歸ᄒᆞ야曰富貴不歸故鄕이면如衣繡夜行이니誰知之者리오韓生이退曰人言楚人은沐猴而冠耳라ᄒᆞ더니果然이로다(沐猴獼猴也雖着人衣冠心不類人且不任久着冠帶以喩楚人性躁暴)羽ㅣ聞之ᄒᆞ고烹韓生ᄒᆞ다

韓生이項羽를說ᄒᆞ야曰關中은山을阻ᄒᆞ고河를帶ᄒᆞ니四塞의地오地가肥饒하니可히都ᄒᆞ야써霸ᄒᆞᆯ지라ᄒᆞᆫ대羽ㅣ秦宮室이다임의燒ᄒᆞ야殘破ᄒᆞᆷ을見ᄒᆞ고ᄯᅩ心에東으로歸ᄒᆞ기를思ᄒᆞ야曰富ᄒᆞ고貴ᄒᆞ야故鄕에歸치아니ᄒᆞ면繡를衣ᄒᆞ고夜에行ᄒᆞᆷ과如ᄒᆞ니誰가知ᄒᆞᆯ者이리오韓生이退ᄒᆞ여曰人이言ᄒᆞ기를楚人은沐猴이고冠ᄒᆞ엿다ᄒᆞ더니果然이로다羽ㅣ聞ᄒᆞ고韓生을烹ᄒᆞ다

羽ㅣ使人으로致命懷王ᄒᆞᆫ되懷王이曰如約ᄒᆞ리라羽ㅣ曰懷王者는吾

(功伐)積功曰伐

(陽尊)陽發現於外陰蔽伏於內凡人之作事外爲是形而內無其實者皆陽爲之外若無所營而內潛者皆陰爲之

(疑沛公)疑沛公有天下也

(惡)音烏故爲切耻也

家所立爾라 非有功伐ᄒᆞ니 何以得專主約이리오 春正月에 羽ㅣ陽尊懷王ᄒᆞ야 爲義帝ᄒᆞ고 實不用其命이러라

羽ㅣ人으로하여곰命을懷王에게致ᄒᆞᆫ대懷王이曰約과如히ᄒᆞ리라羽ㅣ曰懷王인者ᄂᆞᆫ吾家에셔立ᄒᆞᆫ바이라功伐이잇지아니ᄒᆞ니웃지써시러곰約을專히主ᄒᆞ리오春正月에羽ㅣ그짓懷王을尊ᄒᆞ야義帝를삼고실샹그命을用치안터라

二月에 羽ㅣ分天下ᄒᆞ야 王諸將ᄒᆞ고 羽ㅣ自立爲西楚霸王ᄒᆞ야 王梁楚地九郡ᄒᆞ고 都彭城ᄒᆞ다 (淮北沛郡陳州汝南南郡爲西楚彭城以東東海吳郡廣陵爲東楚衡山九江江南豫章長沙爲南楚也)

二月에羽ㅣ天下를分ᄒᆞ야諸將을王ᄒᆞ고羽ㅣᄉᆞᄉᆞ로立ᄒᆞ야西楚覇王이되여梁楚地九郡에王ᄒᆞ고彭城에都ᄒᆞ다

羽ㅣ與范增으로疑沛公而業已講解오 (講和也解析伏也已然曰業言雖疑忌爭已和解也) 又惡負約ᄒᆞ야 乃陰謀曰巴蜀은 (或都潼州等路) 道險ᄒᆞ고 秦之遷人이 皆居之라ᄒᆞ야 乃曰巴蜀도 亦關中地也라ᄒᆞ고 故立沛公爲漢王ᄒᆞ야 王巴蜀漢中ᄒᆞ야 都南鄭ᄒᆞ고 (漢中地名) 而三分關中ᄒᆞ야 王秦降將章邯司馬欣董翳ᄒᆞ야 以

距塞漢路ᄒᆞᆫᄃᆡ

羽ㅣ范增으로더브러沛公을疑ᄒᆞ되발셔임의講解ᄒᆞ엿고ᄯᅩ約을負ᄒᆞᆯ가惡ᄒᆞ야이에가마니謀ᄒᆞ여曰巴蜀은道가險ᄒᆞ고秦의遷人이다居ᄒᆞ다ᄒᆞ야이에曰巴蜀도ᄯᅩ關中의地라ᄒᆞ고짐짓沛公을立ᄒᆞ야漢王을숨어巴蜀漢中에王ᄒᆞ야南鄭에都ᄒᆞ고關中을三分ᄒᆞ야秦降將章邯과司馬欣과董翳를王ᄒᆞ야써漢路를距塞ᄒᆞᆫᄃᆡ

漢王이怒ᄒᆞ야欲攻項羽어늘周勃灌嬰樊噲ㅣ皆勸之러니蕭何ㅣ諫曰雖王漢中之惡이나不猶愈於死乎아能詘(屈通)於一人之下而信(伸同)於萬乘之上者는湯武ㅣ是也라臣은願大王은王漢中ᄒᆞ샤養其民以致賢人ᄒᆞ시고收用巴蜀ᄒᆞ샤還定三秦ᄒᆞ시면(章邯司馬欣董翳項羽三分關中而王之是謂三秦)天下를可圖也ㅣ리이다漢王曰善타ᄒᆞ고乃遂就國ᄒᆞ야以何로爲丞相ᄒᆞ다

漢王이怒ᄒᆞ야項羽를攻코져ᄒᆞ거늘周勃과灌嬰과樊噲ㅣ다勸ᄒᆞ엿더니蕭何ㅣ諫ᄒᆞ여曰비록漢中에王ᄒᆞᆷ이惡ᄒᆞ나오히려死ᄒᆞ는것보다愈치아니ᄒᆞᆫ가能히一人의下에詘ᄒᆞ야萬乘의上에信ᄒᆞᆫ者는湯武ㅣ是라臣은願ᄒᆞ건ᄃᆡ大王은漢中에王ᄒᆞ샤그民을養ᄒᆞ야써賢人을致ᄒᆞ시고巴蜀을收用ᄒᆞ샤돌녀三秦을定ᄒᆞ시면天下를可

(戲下兵)戲與麾通大將旗(棧道)閣木爲棧(無東意)言令羽知漢王更無東出之意也

(王孫)尊稱之言說韓信釣城下漂母必素識之信欲重報

히圖ᄒᆞ리이다漢王이曰善타ᄒᆞ고이에드ᄃᆡ여國에就ᄒᆞ야何로써丞相을삼다

夏四月에諸侯ㅣ罷戲下兵ᄒᆞ고各就國ᄒᆞᆯ서項王이使卒三萬人으로從漢王之國ᄒᆞ니張良이送之褒中이어늘(漢中縣名)漢王이遣良歸韓ᄒᆞᆫᄃᆡ良이因說漢王ᄒᆞ야燒絶所過棧道ᄒᆞ야以備諸侯盜兵ᄒᆞ고且示項羽無東意ᄒᆞ다

夏四月에諸侯ㅣ戲下兵을罷ᄒᆞ고各々國에就ᄒᆞᆯᄉᆡ項王이卒三萬人으로하여곰漢王을從ᄒᆞ야國에之ᄒᆞ니張良이送ᄒᆞ야褒中에至ᄒᆞ거늘漢王이良을遣ᄒᆞ야韓에歸ᄒᆞᆫᄃᆡ良이因ᄒᆞ야漢王을說ᄒᆞ야過ᄒᆞ는바棧道를燒ᄒᆞ야絶ᄒᆞ야써諸侯의盜兵을備ᄒᆞ고또項羽에게東으로ᄒᆞᆯ意가無ᄒᆞᆷ을示ᄒᆞ다

初에淮陰人韓信이家貧ᄒᆞ야釣於城下ᄒᆞ더니有漂母ㅣ見信飢ᄒᆞ고飯信이어늘(漂音瓢以水打絮也飯飼之也)信이喜謂漂母曰吾ㅣ必有以重報母ᄒᆞ리라母ㅣ怒曰大丈夫ㅣ不能自食ㅣ일재(讀飼)吾愛王孫而進食ᄒᆞ니(王孫言如公子蓋尊稱也)豈望報乎오리

蓋非一飯其稱王孫之言安知韓信之後耶

(因衆辱)於衆中辱之也

(杖劍從無)言直帶一劍更之餘資也

初에淮陰人韓信이家ㅣ貧ᄒᆞ야城下에釣ᄒᆞ더니漂母ㅣ有ᄒᆞ야信의飢홈을見ᄒᆞ고信에게飯ᄒᆞ거늘信이喜ᄒᆞ야漂母다려謂ᄒᆞ야曰吾ㅣ반다시써重히母이게報홈이有ᄒᆞ리라母ㅣ怒ᄒᆞ야曰大丈夫ㅣ能히스ᄉᆞ로食치못ᄒᆞᆯ시吾ㅣ王孫을愛ᄒᆞ야食을進ᄒᆞ니엇지報ᄒᆞ기를望ᄒᆞ리오

淮陰屠中少年이有侮信者ᄒᆞ야因衆辱之曰信아能死어든刺我ᄒᆞ고不能死어든出我袴下ᄒᆞ라於是에信이俛出袴下ᄒᆞ야蒲伏ᄒᆞ니(俛音免蒲匍同手行也伏匐同伏地也)一市人이皆笑信爲怯이러라

淮陰屠中少年이信을侮ᄒᆞᄂᆞᆫ者ㅣ有ᄒᆞ야衆을因ᄒᆞ야辱ᄒᆞ여曰信아能히死ᄒᆞ려거든我를刺ᄒᆞ고能히死치아니ᄒᆞ랴거든我의袴下로出ᄒᆞ라이에信이俛ᄒᆞ야袴下로出ᄒᆞ야蒲伏ᄒᆞ니一市의人이다信을怯ᄒᆞᆫ다笑ᄒᆞ더라

及項梁이渡淮에信이杖劍從之ᄒᆞ야居麾下ᄒᆞ야(麾音揮大將指揮之旗也)無所知名이러니項梁이敗에又屬項羽ᄒᆞ니羽ㅣ以爲郎中이어늘數以策으로干羽ᄒᆞ디羽ㅣ不用이러라

(謳歌)謂謳齊聲之歌也

밋項梁이淮를渡홈에信이劍을杖ᄒᆞ고從ᄒᆞ야麾下에居ᄒᆞ야名을知ᄒᆞ리가업더니項梁이敗홈에또項羽에게屬ᄒᆞ니羽ㅣ써郎中을삼거늘자조策으로써羽를干호ᄃᆡ羽ㅣ用치안터라

漢王之入蜀에信이亾楚歸漢호ᄃᆡ王이以爲治粟都尉ᄒᆞ고亦未之奇也러니信이數與蕭何로語에何ㅣ奇之러라

漢王이蜀에入홈에信이楚를도망ᄒᆞ야漢에歸호ᄃᆡ王이써治粟都尉를삼고또ᄒᆞᆫ奇히여기지안터니信이자조蕭何로더브러語홈에何ㅣ奇히여기더라

漢王이至南鄭ᄒᆞ니諸將及士卒이皆歌謳思東歸ᄒᆞ야多道亡者ㅣ라信이亾去어늘何ㅣ聞信亾ᄒᆞ고不及以聞ᄒᆞ고自追之러니人이有言王曰丞相何ㅣ亾이라ᄒᆞᆫᄃᆡ王이大怒ᄒᆞ야如失左右手러니居一二日에何ㅣ來謁王이어늘王이且怒且喜ᄒᆞ야罵何曰諸將亾者ㅣ以十數로ᄃᆡ公이無所追러니追信은詐也로다

漢王이南鄭에至ᄒᆞ니諸將과밋士卒이歌謳ᄒᆞ야東으로歸ᄒᆞ기를思ᄒᆞ야道에서亾

(國士無雙)漢國之中僅有信一人也他無與比一云國士國家之奇士 (顧)念也 (鬱鬱)滯貌

ᄒᆞᄂᆞᆫ者ㅣ多ᄒᆞᆫ지라信이亡去ᄒᆞ거ᄂᆞᆯ何ㅣ信이도망ᄒᆞᆷ을聞ᄒᆞ고밋처써奏聞치못ᄒᆞ고스ᄉᆞ로追ᄒᆞ엿더니人이王에게言ᄒᆞᆷ이有ᄒᆞ야曰丞相何ㅣ도망ᄒᆞ엿다ᄒᆞᆫᄃᆡ王이크게怒ᄒᆞ야左右手ᄅᆞᆯ失ᄒᆞᆷ과갓더니一二日만에何ㅣ來ᄒᆞ야王게謁ᄒᆞ거ᄂᆞᆯ王이ᄯᅩ怒ᄒᆞ고ᄯᅩ喜ᄒᆞ야何ᄅᆞᆯ罵ᄒᆞ야曰諸將의도망ᄒᆞᆫ者ㅣ十으로써數호ᄃᆡ公이追ᄒᆞᄂᆞᆫ바이無ᄒᆞ더니信을追ᄒᆞᆷ은詐ㅣ로다

何ㅣ曰諸將은易得耳어니와至於信者ᄒᆞ야ᄂᆞᆫ國士ㅣ라無雙이니王이必欲長王漢中인ᄃᆡ無所事信이어니와(事猶用也)必欲爭天下ㅣᆫ댄非信이면無可與計事者ㅣ니顧王策安决耳니잇고王曰吾亦欲東耳니安能鬱鬱久居此乎리오乃召信ᄒᆞ야拜大將ᄒᆞᄃᆡ何ㅣ曰王이素慢無禮ᄒᆞ샤今拜大將을如呼小兒ᄒᆞ시니此ᄂᆞᆫ乃信所以去也ㅣ니다王이必欲拜之ㅣᆫ댄擇良日齋戒ᄒᆞ시고設壇場具禮라야乃可耳이니다

何ㅣ曰諸將은得ᄒᆞ기쉽거니와信과如ᄒᆞᆫ者에至ᄒᆞ야ᄂᆞᆫ國士ㅣ라雙이無ᄒᆞ니王이반다시길게漢中에王ᄒᆞ실진ᄃᆡ信을事ᄒᆞᆯ바이無ᄒᆞ거니와반다시天下ᄅᆞᆯ爭코져ᄒᆞ

진대信이안이면可히더브러事를計홀者ㅣ無ᄒᆞ니도라보건대王은策을웃지決ᄒᆞ시ᄂᆞᆫ잇고王이曰吾ㅣᄯᅩ東으로ᄒᆞ고져ᄒᆞ노니웃지능히답々이오래이에居ᄒᆞ리오아에信을召ᄒᆞ야大將을拜홀대何ㅣ曰王이본대慢ᄒᆞ시고禮가無ᄒᆞ샤이제大將을拜ᄒᆞ심을小兒를呼홈갓치ᄒᆞ시니此는이信의써去혼바이로이다王이반다시拜코져ᄒᆞ실진대良日을擇ᄒᆞ야齋戒ᄒᆞ시고壇場을設ᄒᆞ고禮을具ᄒᆞ여야이에可ᄒᆞ니이다

王이許之ᄒᆞ니諸將이皆喜ᄒᆞ야人人이各自以爲得大將이러니至拜大將ᄒᆞ야는乃韓信也라一軍이皆驚이러라

王이許ᄒᆞ니諸將이다喜ᄒᆞ야人々이각々ᄉᆞᄉᆞ로써ᄒᆞ되大將을得ᄒᆞ리라ᄒᆞ엿더니大將을拜홈에至ᄒᆞ야는韓信이라一軍이다驚ᄒᆞ더라

信이拜禮畢에上坐ᄒᆞ니王曰丞相이數言將軍ᄒᆞ니將軍이何以敎寡人計策고信이辭讓ᄒᆞ고因問王曰今에東鄕ᄒᆞ야爭權天下ㅣ豈非項王耶잇가漢王曰然ᄒᆞ다曰大王이自料勇悍仁强인ᄃᆡ孰與項王이니잇고漢王이良久에曰不如也로라信이曰信도亦以爲大王이不

如也ㅣ라ᄒᆞ노니다 然이나 臣이 嘗事之ᄒᆞ니 請言項王之爲人也ᄒᆞ리이다

信이拜禮를畢ᄒᆞᆷ에上에坐ᄒᆞ니王이曰丞相이자조將軍을言ᄒᆞ엿스니將軍이엇지써寡人에게計策을敎ᄒᆞᆯ고信이辭謝ᄒᆞ고因ᄒᆞ야王에게問ᄒᆞ야曰今에東으로向ᄒᆞ야天下에權을爭ᄒᆞᆷ이엇지項王이아니닛가漢王이曰然ᄒᆞ다曰大王이스ᄉᆞ로勇과悍과仁과强을料ᄒᆞ건ᄃᆡ누가項王과갓ᄒᆞ니잇고漢王이良久에曰갓지못ᄒᆞ노라信이曰信도ᄯᅩ써ᄒᆞ되大王이갓지못ᄒᆞ다ᄒᆞ노이다然이나臣이일즉이事ᄒᆞ엿스니請컨ᄃᆡ項王의人됨을言ᄒᆞ리이다

項王이 喑啞(音陰亞懷怒氣) 叱咤에(音櫛宅發怒聲) 千人이 自廢나(失氣不敢當也) 然이나 不能任屬賢將ᄒᆞ니 此特匹夫之勇耳오 項王이 見人에 恭敬慈愛ᄒᆞ야 言語嘔嘔(音謳也)ᄒᆞ며 人有疾病에 涕泣分食飮ᄒᆞ되 至使人有功當封爵者ᄒᆞ야는 印刓敝ᄒᆞᄃᆡ 忍不能予ᄒᆞ니(刓音宛角之刓訛缺也言印雖刻而手弄角訛不忍授也) 此所謂婦人之仁也라 項王이 雖霸天下而臣諸侯ㅣ나 不居關中而都彭城ᄒᆞ고 放逐義帝ᄒᆞ고 所過에 無不殘滅ᄒᆞ니 名雖爲霸나 實失天下心이라 故로

其彊이易弱이니 今大王이誠能反其道ᄒᆞ샤 任天下武勇ᄒᆞ시면 何所不誅ㅣ며 以天下城邑으로封功臣ᄒᆞ시면 何所不服이며 以義兵으로從思東歸之士ᄒᆞ시면 何所不散이리잇고 (言用東歸之兵擊東方之敵此敵無不散敗也) 且三秦王이 (章邯司馬欣董翳) 爲將ᄒᆞ야 將秦子弟數歲矣라가 欺其衆降이러니 諸侯ㅣ至新安ᄒᆞ야 項王이詐坑秦降卒二十餘萬ᄒᆞ고 唯獨邯欣翳ㅣ得脫ᄒᆞ니 秦父兄이 怨此三人ᄒᆞ야 痛入骨髓ㅣ라 今楚ㅣ彊ᄒᆞ야 以威로王此三人이언정 秦民은莫愛也오 大王이入關ᄒᆞ야 秋毫를無所害ᄒᆞ시고 除秦苛法ᄒᆞ시니 秦民이無不欲得大王王秦者라 今大王이擧而東ᄒᆞ시면 三秦을可傳檄而定也ㅣ리이다 (檄尺書也傳檄而定言不足用兵也) 於是에漢王이大喜ᄒᆞ야 自以爲得信晩이라ᄒᆞ고遂聽信計ᄒᆞ다

項王이喑啞ᄒᆞ고叱咤홈에千人이스ᄉᆞ로廢ᄒᆞ나然이나能히賢將에게任屬치못ᄒᆞ니이는特히匹夫의勇이오項王이人을見홈에恭敬ᄒᆞ고慈愛ᄒᆞ야語를嘔々히言ᄒᆞ

며人이疾病이有ᄒᆞᆷ에涕泣ᄒᆞ고食飮을分호대人으로하여곰功이有ᄒᆞ야맛당이爵을封ᄒᆞᆯ者에至ᄒᆞ여는印을刓ᄒᆞ야敝호대참아能히予치못ᄒᆞ니이는이른바婦人의仁이라項王이비록天下에覇ᄒᆞ야諸侯를臣ᄒᆞ나關中에居치아니ᄒᆞ고彭城에都ᄒᆞ고義帝를노와쏫고過ᄒᆞ는바에殘滅치아느니가無ᄒᆞ니名은비록覇라ᄒᆞ나실상天下의心을失ᄒᆞᆫ지라故로그彊ᄒᆞᆷ이弱ᄒᆞ기易ᄒᆞ니今에大王이진실로能히그道를反ᄒᆞ사天下의武勇을任ᄒᆞ시면무엇을誅치못ᄒᆞᆯ바이며天下의城邑으로써功臣을封ᄒᆞ시면무엇이服치아니ᄒᆞᆯ바이며義兵으로써東으로歸ᄒᆞ기를思ᄒᆞ는士를從ᄒᆞ시면무엇이散치아니ᄒᆞᆯ바이리잇고또三秦王이將이되여秦子弟를將ᄒᆞᆫ지數歲라가그衆을欺ᄒᆞ고降ᄒᆞ엿더니諸侯ㅣ新安에至ᄒᆞ야項王이詐히秦降卒二十餘萬을坑ᄒᆞ고오ᄌᆞᆨ홀로邯과欣과翳가脫ᄒᆞᆷ을得ᄒᆞ니秦父兄이此三人을怨ᄒᆞ야痛ᄒᆞᆷ이骨髓에入ᄒᆞᆫ지라今에楚ㅣ彊ᄒᆞ야威로써이三人을王ᄒᆞ엿슬지언졍秦民은愛ᄒᆞ라가업고大王이關애入ᄒᆞ야秋毫를害ᄒᆞᆫ바이업스시고秦의苛法을除ᄒᆞ시니秦民이大王을得ᄒᆞ야秦에王ᄉᆞᆷ고져안는者ㅣ업는지라今에大王이擧ᄒᆞ야東으로ᄒᆞ시면三秦을可히檄을傳ᄒᆞ야定ᄒᆞ리이다漢王이크게喜ᄒᆞ야ᄉᆞᄉᆞ로써ᄒᆞ되信을엇기를늣게ᄒᆞ엿다ᄒᆞ고드대여信의計를聽ᄒᆞ다

八月에引兵從故道出ᄒᆞ야襲雍ᄒᆞ니 故道鳳州兩當縣也掩其不備曰襲 雍王邯은戰敗走ᄒᆞ고塞王欣과翟音狄王翳는皆降ᄒᆞ다

八月에兵을引ᄒᆞ고故道를從ᄒᆞ야出ᄒᆞ야雍을襲ᄒᆞ니雍王邯은戰ᄒᆞ야敗走ᄒᆞ고塞王欣과翟王翳는다降ᄒᆞ다

王陵者는沛人也라先聚黨數千人ᄒᆞ야居南陽이러니至是ᄒᆞ야始以兵으로屬漢ᄒᆞ니項王이取陵母ᄒᆞ야置軍中ᄒᆞ고陵使ㅣ至則東鄉坐陵母ᄒᆞ고欲以招陵이어늘陵母ㅣ私送使者홀ᄉᆡ泣曰願爲妾語陵호대善事漢王ᄒᆞ라漢王은長者ㅣ니毋音無以老妾故로持二心ᄒᆞ라妾이以死로送使者ᄒᆞ라ᄒᆞ고遂伏劍而死ᄒᆞ다

王陵이란者는沛人이라먼저黨數千人을聚ᄒᆞ야南陽에居ᄒᆞ엿더니이에이르러비로소兵으로써漢에屬ᄒᆞ니項王이陵母를取ᄒᆞ야軍中에置ᄒᆞ고陵의使가至ᄒᆞᆫ則東으로향ᄒᆞ야陵의母를안치고써陵을招코져ᄒᆞ거늘陵母ㅣᄉᆞᄉᆞ로使者를送홀ᄉᆡ泣ᄒᆞ야曰願컨대妾을爲ᄒᆞ야陵에게語호대잘漢王을事ᄒᆞ라漢王은長者ㅣ니老妾의

故로써二心을持치말나妾이死로써使者를送ᄒᆞᆫ다ᄒᆞ고드ᄃᆡ여劒에伏ᄒᆞ여死ᄒᆞ다

張良이遺項王書曰漢王이失職ᄒᆞ야欲得關中ᄒᆞ니如約이면即止ᄒᆞ야不敢東이라ᄒᆞ고又以齊梁反書로遺項王曰齊欲與趙로并滅楚ᄒᆞ니라項王이以此故로無西意而北擊齊ᄒᆞ다

張良이項王에게遺ᄒᆞᆫ書에曰漢王이職을失ᄒᆞ야關中을得코자ᄒᆞ니約과갓ᄒᆞ면곳止ᄒᆞ야敢히東으로ᄒᆞ지안는다ᄒᆞ고또齊와梁의反書로써項王에게遺ᄒᆞ야曰齊가趙로더브러아올너楚를滅코져ᄒᆞᆫ다ᄒᆞ니項王이이러ᄒᆞᆫ故로써西로ᄒᆞᆯ意가無ᄒᆞ고北으로齊를擊ᄒᆞ다

(丙申) 西楚二漢二年○是歲韓亡凡二大國小國凡十二 冬十月에 項王이密使九江王布 黥布 等으로擊義帝ᄒᆞ야殺之江中ᄒᆞ다

冬十月에項王이가마니九江王布等으로ᄒᆞ야곰義帝를擊ᄒᆞ야江中에殺ᄒᆞ다

陳餘ㅣ襲破常山ᄒᆞ니張耳ㅣ敗走漢이어늘陳餘ㅣ迎趙王於代ᄒᆞ야復

(里中社)社后土也使民祀之春以祈穀秋以報功

(爲宰)宰主切割肉也

(太僕)秦官名掌輿馬

爲趙王ᄒᆞ다

陳餘ㅣ常山을襲ᄒᆞ야破ᄒᆞ니張耳ㅣ敗ᄒᆞ야漢으로走ᄒᆞ거늘陳餘ㅣ趙王를代에셔迎ᄒᆞ야다시趙王을숨다

漢王이立韓襄王孫信ᄒᆞ야爲韓王ᄒᆞ니常將韓兵ᄒᆞ야從漢王이러라

漢王이韓襄王孫信을立ᄒᆞ야韓王을숨으니항상韓兵을將ᄒᆞ야漢王을從ᄒᆞ더라

初에陽武人陳平이家貧好讀書러니里中社에(里名庫上)平이爲宰ᄒᆞ야分肉食甚均이어늘父老ㅣ曰善라陳孺子之爲宰여平이曰嗟呼라使平으로得宰天下라도亦如是肉矣리라ᄒᆞ더니及諸侯ㅣ叛秦에平이事魏王咎(音高名也)於臨濟ᄒᆞ야爲太僕ᄒᆞ야說魏王호되不聽ᄒᆞ고人或讒之어늘平이亡去ᄒᆞ다

初에陽武人陳平이家가貧호대讀書를好ᄒᆞ더니里中社에平이宰가되여肉과食을分홈을甚히均히ᄒᆞ거늘父老ㅣ曰善타陳孺子의宰가됨이여平이曰슬푸다平으로하여곰天下에宰홈을得ᄒᆞ드라도또ᄒᆞᆫ이肉과갓치ᄒᆞ리라ᄒᆞ더니밋諸侯ㅣ秦을叛

(叅乘)叅作驂乘上聲乘車之法尊者居左而御者居中一人處其右以備傾側
(典護軍)典掌也護監領也
(長者)諸將自謂
(三老)秦法十里一亭十亭一

홈에平이魏王咎를臨濟에서事ᄒᆞ야太僕이되야魏王을說호대聽치안코人이或讒ᄒᆞ거늘平이亡ᄒᆞ야去ᄒᆞ다

後事項羽ᄒᆞ니拜爲都尉러라後에復杖劒歸漢ᄒᆞ야因魏無知ᄒᆞ야求見漢王ᄒᆞᆫ대王이與語而悅之ᄒᆞ야問曰子之居楚에何官고曰都尉러니이다是日에卽拜平爲都尉ᄒᆞ야使爲叅乘ᄒᆞ고典護軍ᄒᆞ니諸將이盡讙曰大王이一日에得楚亡卒ᄒᆞ야未知其高下而卽與同載ᄒᆞ고反使監護長者오너漢王이聞之ᄒᆞ고愈益幸平이러라

後에項羽를事ᄒᆞ니拜ᄒᆞ야都尉를ᄉᆞᆷ더라後에다시劒을杖ᄒᆞ고漢에歸ᄒᆞ야魏無知를因ᄒᆞ야漢王보기를求ᄒᆞᆫ대王이더브러語ᄒᆞ고悅ᄒᆞ야問ᄒᆞ야曰子ㅣ楚에居ᄒᆞᆯ제무ᄉᆞᆷ벼ᄉᆞᆯ이엇든고ᄀᆞᆯ오대都尉러이다이날에곳平을拜ᄒᆞ야都尉를ᄉᆞᆷ고하여곰叅乘을ᄒᆞ고護軍을典케ᄒᆞ니諸將이다들네여曰大王이一日에楚의亡ᄒᆞᆫ卒을得ᄒᆞ야그高下를知치못ᄒᆞ고곳더브러한가지載ᄒᆞ야도로혀하여곰長者를監護케ᄒᆞᄂᆞᆫ고녀漢王이듯고더욱더平을幸ᄒᆞ더라

漢王이南渡平陰津ᄒᆞ야至洛陽新城ᄒᆞᆫ대三老見武帝紀董公이遮說王

鄕鄕置有秩三老一人掌敎化又一人爲鄕三老一人爲縣三老 (董公)其名未詳秦世隱士

自橫道言曰遮說 曰臣은聞順德者는昌ᄒᆞ고逆德者는亾이라ᄒᆞ니兵出無名이면事故不成이라故로曰明其爲賊이라야敵乃可服이라ᄒᆞ니이다項羽ㅣ爲無道ᄒᆞ야放弑其主ᄒᆞ니天下之賊也ㅣ라夫仁不以勇이오義不以力이니大王이宜率三軍之衆ᄒᆞ샤爲之素服ᄒᆞ고以告諸侯而伐之ᄒᆞ소셔

漢王이南으로平陰津을渡ᄒᆞ야洛陽新城에至ᄒᆞᆫ대三老董公이王을遮說ᄒᆞ여曰臣은드르니德을順히ᄒᆞ는者는昌ᄒᆞ고德을逆ᄒᆞ는者는亾ᄒᆞᆫ다ᄒᆞ니兵을名이업시出ᄒᆞ면事가짐짓成치못ᄒᆞᆯ지라故로曰그賊됨을明히ᄒᆞ여야敵이이에可히服ᄒᆞᆫ다ᄒᆞ니이다項羽ㅣ無道ᄒᆞ야그主를放ᄒᆞ야弑ᄒᆞ엿스니天下의賊이라무릇仁은勇으로써아니ᄒᆞ고義는力으로써아니ᄒᆞᄂᆞ니大王이맛당이三軍의衆을率ᄒᆞ샤爲ᄒᆞ야素服ᄒᆞ고써諸侯에게告ᄒᆞ야伐ᄒᆞ소서

於是에漢王이爲義帝發喪ᄒᆞ고告諸侯曰天下ㅣ共立義帝어ᄂᆞᆯ今에項羽ㅣ放弑之ᄒᆞ니寡人이親爲發喪ᄒᆞ야兵皆縞素ᄒᆞ고悉發關中兵ᄒᆞ고收三河士ᄒᆞ야南浮江漢以下ᄒᆞ야願從諸侯王ᄒᆞ야擊楚之弑

義帝者ᄒᆞ리라

이에漢王이義帝를爲ᄒᆞ야喪을發ᄒᆞ고諸侯에게告ᄒᆞ여曰天下ㅣᄒᆞᆫ가지義帝를立ᄒᆞ엿거늘今에項羽ㅣ放ᄒᆞ야弑ᄒᆞ엿스니寡人이親히爲ᄒᆞ야喪을發ᄒᆞ야兵을다縞素ᄒᆞ고다關中兵을發ᄒᆞ고三河士를收ᄒᆞ야南으로江漢에浮ᄒᆞ야下ᄒᆞ야願컨ᄃᆡ諸侯王을從ᄒᆞ야楚의義帝ㅣ弑ᄒᆞᆫ者를擊ᄒᆞ리라

項王이雖聞漢東이나欲遂破齊而後에擊漢ᄒᆞ니漢王이以故로得率諸侯兵凡五十六萬人ᄒᆞ야伐楚ᄒᆞᆯ시彭越이將兵歸漢이어ᄂᆞᆯ漢이遂入彭城ᄒᆞ야收其貨寶美人ᄒᆞ고日置酒高會러니項王이聞之ᄒᆞ고自以精兵三萬人으로至彭城ᄒᆞ야大破漢軍於睢水ᄒᆞ니(睢音雖睢水在彭城東)漢軍이爲楚所擠ᄒᆞ야卒十餘萬人이皆入睢水ᄒᆞ니睢水ㅣ爲之不流러라

項王이비록漢이東으로ᄒᆞᆷ을聞ᄒᆞ엿스나드대여齊를破ᄒᆞᆫ後에漢을擊코져ᄒᆞ니漢王이이런고로시러곰諸侯兵무릇五十六萬人을率ᄒᆞ고楚를伐ᄒᆞᆯ시彭越이兵을將ᄒᆞ고漢에歸ᄒᆞ거늘王이드대여彭城에入ᄒᆞ야그貨寶와美人을收ᄒᆞ고日로酒를

置ᄒᆞ고高히會ᄒᆞ더니項王이聞ᄒᆞ고스ᄉᆞ로精兵三萬人으로ᄡᅥ彭城에至ᄒᆞ야크게
漢軍을睢水에서破ᄒᆞ니漢軍이楚의擠ᄒᆞᆫ바ㅣ되야卒十餘萬人이다睢水에入ᄒᆞ니
睢水ㅣ爲ᄒᆞ야流치못ᄒᆞ더라

圍漢王三匝이러니**會**에**大風**이**從西北起**ᄒᆞ야**折木發屋**ᄒᆞ고**揚沙石**ᄒᆞ야
窈冥晝晦ᄒᆞ니**楚軍**이**大亂壞散**이어ᄂᆞᆯ**漢王**이**乃得與數十騎**르**遁**
去ᄒᆞ다**審食其**ㅣ**從太公呂后**ᄒᆞ야**間行求漢王**이라가**反遇楚軍**ᄒᆞ니**項**
王이**常置軍中**ᄒᆞ야**爲質**러따 質音至

漢王을三匝으로圍ᄒᆞ엿더니맛ᄎᆞᆷ大風이西北으로좃ᄎᆞ이러나木을折ᄒᆞ고屋을發
ᄒᆞ고沙石을揚ᄒᆞ야窈冥ᄒᆞ고晝晦ᄒᆞ니楚軍이크게亂ᄒᆞ야壞散ᄒᆞ거늘漢王이이에
시러곰數十騎로더브러遁ᄒᆞ야去ᄒᆞ다審食其ㅣ太公과呂后를從ᄒᆞ야間行ᄒᆞ야漢
王을求ᄒᆞ다가도로혀楚軍을遇ᄒᆞ니項王이일족軍中에置ᄒᆞ야볼모슴더라

漢王이**問吾欲捐**音然委也**關以東**ᄒᆞ야**等棄之**ᄒᆞ노니**誰可與共功者**오
張良이**曰九江王布**ᄂᆞᆫ**楚梟將**이라梟言勇健**與項王有隙**ᄒᆞ고**彭越**이**與**

(留項王數月)言擧兵反楚則楚必留擊矣 (倍)與背同

齊로反梁地ᄒᆞ니此兩人을可急使오而漢王之將에獨韓信이可屬大事ᄒᆞ야當一面이니即欲捐之ᄒᆞᆫ딘捐之此三人則楚를可破也리이다

漢王이못되吾ㅣ關써東을捐ᄒᆞ야等棄코져ᄒᆞ노니뉴가可히더브러功을共히ᄒᆞᆯ者인고張良이曰九江王布ᄂᆞᆫ楚의梟將이라項王으로더브러隙이有ᄒᆞ고彭越이齊로더브러梁地를反ᄒᆞ엿ᄉᆞ니이兩人을可히急히使ᄒᆞᆯ것이오漢王의將에ᄂᆞᆫᄒᆞᆯ로韓信이可히大事를屬ᄒᆞ야一面을當ᄒᆞᆯ지니곳損코져ᄒᆞ실진딘이三人에게損ᄒᆞ신則楚를可히破ᄒᆞ리이다

漢王이謂左右호ᄃᆡ無足與計天下事로다謁者隨何ㅣ進曰不審陛下所謂커이다 漢王曰孰能爲我使九江ᄒᆞ야令之發兵倍楚오留項王數月이면我之取天下ㅣ可以萬全이리라 隨何ㅣ曰臣이請使之ᄒᆞ리이다 漢王이使與二十人俱ᄒᆞ다

漢王이左右에게謂호ᄃᆡ足히더브러天下事를計ᄒᆞ리가업도다謁者隨何ㅣ進ᄒᆞ야曰陛下의謂ᄒᆞ시ᄂᆞᆫ바를審치못ᄒᆞᆺᄂᆞ니다漢王이曰누가能히我를爲ᄒᆞ야九江에使

야ᄒᆞ여곰兵을發ᄒᆞ야楚을倍케ᄒᆞ고項王을數月만留케ᄒᆞ면我가天下를取홈이可
히써萬全이리라隨何ㅣ曰臣이請컨ᄃᆡ使ᄒᆞ리이다漢王이하여곰二十人으로더브
러俱케ᄒᆞ다

五月에漢王이至滎陽ᄒᆞ니 (河南縣名) 諸敗軍이皆會ᄒᆞ고蕭何ㅣ亦發關中
老弱 (民年二十三爲正一歲爲衛士一歲爲林官騎士習射御騎馳戰陳五十六爲老乃得免爲庶民就田里而未二十三爲弱過三十六爲老) 未傅者ᄒᆞ야 (傅音附著也謂未著名籍給公家徭役者) 悉詣滎陽ᄒᆞ니漢軍이復大振이러라

五月에漢王이滎陽에至ᄒᆞ니모든敗軍이다會ᄒᆞ고蕭何ㅣ또關中老弱의傅치안은
者를發ᄒᆞ야다滎陽에詣ᄒᆞ니漢軍이다시크게振ᄒᆞ더라

楚ㅣ與漢으로戰滎陽南京 (城名) 索 (音色水名) 間홀서漢王이擊楚騎於滎陽
東ᄒᆞ야大破之ᄒᆞ니楚ㅣ以故로不能過滎陽而西러라漢이軍滎陽ᄒᆞ야築
甬道屬之河ᄒᆞ야 (恐敵鹵掠輜重故築垣墻如街巷是爲甬道甬音勇) 以取敖倉粟ᄒᆞ다 (敖地名在滎陽西北山上秦置大倉於此故名敖倉)

楚ㅣ漢으로더브러滎陽南京索間에서戰홀ᄉᆡ漢王이楚騎를滎陽東에擊ᄒᆞ야크게
破ᄒᆞ니楚ㅣ이런고로써能히滎陽을過ᄒᆞ야西으로ᄒᆞ지못ᄒᆞ더라漢이滎陽에軍ᄒᆞ
야甬道를築ᄒᆞ야河에屬ᄒᆞ야써敖倉粟을取ᄒᆞ다

(陳平雖美)漢書作平雖美丈夫如冠玉耳(盜其嫂)盜猶私也計日私奪嫂志而改適也嫂兄之妻也(受諸將金)王召讓平平曰魏王不用臣故去羽王不能信人故去問漢王能用人故來歸然裸身而來不受金則無以資身金具在請封輸官得其乞骸骨也

周勃等이言於漢王曰陳平이雖美如冠玉이나其中은未必有也라(飾冠以玉光好外見中非所有)臣이聞平이居家時에盜其嫂ᄒᆞ고事魏不容ᄒᆞ야亡歸楚라가不中ᄒᆞ고又亡歸漢이라今日에大王이令護軍이어시늘受諸將金ᄒᆞ니願王은察之ᄒᆞ소서

周勃等이漢王ᄭᅴ言ᄒᆞ야曰陳平이비록美ᄒᆞ야冠玉과如ᄒᆞ나그中은반다시有ᄒᆞ지못ᄒᆞᆫ지라臣이聞ᄒᆞᆫ則平이家에居ᄒᆞ엿슬時에其嫂를盜ᄒᆞ고魏를事ᄒᆞᄆᆡ容치못ᄒᆞ야亾ᄒᆞ야楚로歸ᄒᆞ얏다가中치못ᄒᆞ고또亾ᄒᆞ야漢으로歸ᄒᆞᆫ지라今日에大王이ᄒᆞ야곰護軍캐ᄒᆞ셧거늘諸將의金을受ᄒᆞ니願컨ᄃᆡ王은察ᄒᆞ소서

漢王이召讓魏無知ᄒᆞᆫ디無知ㅣ曰臣所言者는能也오陛下所問者는行也라今有尾生孝己之行이라도(莊子曰尾生與女子期於梁下女子不來水至不去抱梁柱而死註一本作微生即微生高也有信行孝己殷高宗子有孝行事親一夜五起母早死高宗惑後妻之言放之而死)而無益勝負之數ᄒᆞ니陛下ㅣ何暇에用之乎ㅣ리오楚漢이相距에臣이進奇謀之士ᄒᆞ니顧其計ㅣ誠足以利國

(緩頰)徐言引比喩也

家事耳라 盜嫂受金을 何足疑乎리잇고

漢王이魏無知를召ᄒᆞ야讓ᄒᆞᆫ대無知ㅣ曰臣이言ᄒᆞᆫ밧者ᄂᆞᆫ能이오陛下의問ᄒᆞᆫ밧者ᄂᆞᆫ行이라今에尾生과孝己의行이有ᄒᆞ드라도勝負의數ᄂᆞᆫ益홈이無ᄒᆞ니陛下ㅣ어ᄂᆞ겨를에用ᄒᆞ시리잇고楚와漢이서로距홈에臣이奇謀의士를進ᄒᆞ엿ᄉᆞ니도라보건ᄃᆡ그計가진실노足히써國家를利ᄒᆞᆯ지라嫂를盜ᄒᆞ고金을受홈을엇지足히疑ᄒᆞ리잇고

八月에 漢王이 如滎陽ᄒᆞ야 命蕭何守關中ᄒᆞᄃᆡ 計關中戶口ᄒᆞ야 轉漕調兵ᄒᆞ야 以給軍ᄒᆞ니 未嘗乏絕이러라

八月에漢王이滎陽에如ᄒᆞ야蕭何를命ᄒᆞ야關中을守ᄒᆞᆫ대關中戶口를計ᄒᆞ야轉漕ᄒᆞ야兵을調ᄒᆞ야써軍을給ᄒᆞ니일즉이乏絕치안터라

漢王이 使酈食其로 緩頰往說魏王豹ᄒᆞ고 且召之ᄒᆞᄃᆡ 豹ㅣ 不聽이어ᄂᆞᆯ 於是에 漢王이 以韓信灌嬰曹參으로 俱擊魏ᄒᆞᆯᄉᆡ 漢王이 問食其ᄒᆞᄃᆡ 魏大將은 誰也오 對曰栢直이러이다 王曰是ᄂᆞᆫ 口尙乳臭니 安能當韓信이리오 騎將은 誰也오 曰馮敬이러이다 曰是ᄂᆞᆫ 秦將馮無擇의 子也니

雖賢이나不能當灌嬰이리라 步卒將은 誰也오 曰項它(音他)ㅣ러이다 曰不能當曹參이니吾無患矣라ᄒᆞ더라

漢王이酈食其로하여곰頰을緩히ᄒᆞ고往ᄒᆞ야魏王豹를說ᄒᆞ고또召호대豹ㅣ聽치안커늘이에韓王이韓信과灌嬰과曹參으로써ᄒᆞᆫ가지魏를擊ᄒᆞᆯ식漢王이食其에게問호ᄃᆡ魏大將은誰인고對ᄒᆞ여曰柏直이러이다王이曰是ᄂᆞᆫ口에오히려乳의臭가나니웃지能히韓信을當ᄒᆞ리오騎將은誰인고曰馮敬이러이다曰是ᄂᆞᆫ秦將馮無擇의子ㅣ니비록賢ᄒᆞ나能히灌嬰을當치못ᄒᆞ리라步卒將은誰인고曰項它러이다曰能히曹參을當치못ᄒᆞ리니吾ㅣ患이업다ᄒᆞ더라

遂進兵ᄒᆞᆫᄃᆡ 魏王이 盛兵蒲坂ᄒᆞ야(魏地名坂音阪) 以塞臨津이어늘 信이 乃益爲疑兵ᄒᆞ야 陳船欲渡臨津而伏兵從夏陽ᄒᆞ야 以木罌으로 渡軍ᄒᆞ야 襲安邑ᄒᆞᆫᄃᆡ(罌音鶯謂以木押縛罌缶以渡罌缶即瓶之大腹小口者) 魏王豹ㅣ 驚ᄒᆞ야引兵迎信이이늘 九月에 信이擊虜豹ᄒᆞ야傳詣滎陽ᄒᆞ고悉定魏地ᄒᆞ다

드듸여兵을進ᄒᆞᆫᄃᆡ魏王이兵을蒲坂에盛히ᄒᆞ야써臨津을塞ᄒᆞ거늘信이이에더욱

疑兵을ᄒᆞ야船을陳ᄒᆞ야臨津을渡코져ᄒᆞᄃᆡ兵을伏ᄒᆞ야夏陽으로조차木罌으로써軍을渡ᄒᆞ고安邑을襲ᄒᆞᆫᄃᆡ魏王豹ㅣ驚ᄒᆞ야兵을引ᄒᆞ고信을迎ᄒᆞ거ᄂᆞᆯ九月에信이擊ᄒᆞ야豹를虜ᄒᆞ야傳ᄒᆞ야滎陽에詣ᄒᆞ고다魏地를定ᄒᆞ다

韓信이既定魏ᄒᆞ고使人으로請兵三萬ᄒᆞ야願以北擧燕趙ᄒᆞ고東擊齊ᄒᆞ고南絶楚粮道ᄒᆞ고西與漢王으로會於滎陽이라ᄒᆞ야ᄂᆞᆯ漢王이許之ᄒᆞ고乃遣張良ᄒᆞ야與俱ᄒᆞ다

韓信이임의魏를定ᄒᆞ고人으로하여곰兵三萬을請ᄒᆞ야願컨대써北으로燕趙를擧ᄒᆞ고東으로齊를擊ᄒᆞ고南으로楚의粮道를絶ᄒᆞ고西으로漢王으로더브러滎陽에會ᄒᆞ겟다ᄒᆞ야ᄂᆞᆯ漢王이許ᄒᆞ고이에張良을遣ᄒᆞ야더브러俱케ᄒᆞ다

(丁酉) 西楚三年漢三年 ○是歲小國凡五 **冬十月에韓信張耳ㅣ以兵數萬으로東擊趙ᄒᆞ니趙王及成安君陳餘ㅣ聞之ᄒᆞ고聚兵井陘口ᄒᆞ야** 陘音刑山名在常山 **號를二十萬이라ᄒᆞ다**

冬十月에韓信과張耳ㅣ兵數萬으로써東으로趙를擊ᄒᆞ니趙王과밋成安君陳餘ㅣ

(師不宿飽)飽多也馬草炊木後爨故宿不多也出三略(方軌)並行也

聞ᄒᆞ고兵을井陘口에聚ᄒᆞ야號를二十萬이라ᄒᆞ다

廣武君李左車ㅣ說成安君曰韓信張耳ㅣ乘勝遠鬪ᄒᆞ니其鋒을不可當이라臣은聞千里餽粮이면士有飢色ᄒᆞ고樵蘇後爨이면師不宿飽라ᄒᆞ니今井陘之道ㅣ車不得方軌ᄒᆞ고騎不得成列ᄒᆞ야行數百里ᄒᆞ니其勢粮食이必在其後라願足下는假臣奇兵三萬人ᄒᆞ야從間道ᄒᆞ야絕其輜重ᄒᆞ고足下는深溝高壘ᄒᆞ야勿與戰ᄒᆞ면不十日而兩將之頭를可致於麾下오否則必爲二子의所擒矣리라

廣武君李左車ㅣ成安君을說ᄒᆞ여曰韓信과張耳ㅣ勝을乘ᄒᆞ야遠히鬪ᄒᆞ니그鋒을可히當치못ᄒᆞᆯ지라臣은드르니千里에粮을餽ᄒᆞ면士가飢ᄒᆞᆫ色이有ᄒᆞ고樵蘇ᄒᆞᆫ後에爨ᄒᆞ면師가宿飽치못ᄒᆞᆫ다ᄒᆞ니今에井陘의道ㅣ車가시러곰軌를方히ᄒᆞᆯ슈업고騎가시러곰列을成치못ᄒᆞ야數百里를行ᄒᆞ니其勢에糧食이반다시그後에在ᄒᆞᆯ지라願컨ᄃᆡ足下는臣에게奇兵三萬人을假ᄒᆞ야間道로從ᄒᆞ야그輜重을絕ᄒᆞ고足下는溝를深히ᄒᆞ고壘를高히ᄒᆞ야더브러戰치말면十日이못되여兩將의頭를가히麾下에致ᄒᆞᆯ것이오否ᄒᆞᆫ則반다시二子의擒ᄒᆞ는바ㅣ되리라

(輕騎)人馬不帶甲(二千人)綱目句於此也

成安君이常自稱義兵ᄒᆞ야不用詐謀奇計라韓信이使人間視ᄒᆞ야(從間隙窺視而探知)知其不用廣武君策ᄒᆞ고大喜ᄒᆞ야乃敢引兵遂下ᄒᆞ실未至井陘口三十里ᄒᆞ야止舍ᄒᆞ고(舍猶息也)夜半에傳發ᄒᆞ야(傳令使發)選輕騎二千人ᄒᆞ야人이持一赤幟ᄒᆞ고(音置)從間道ᄒᆞ야望趙軍ᄒᆞ고誡曰趙見我走면必空壁逐我ᄒᆞ리니若이(汝也)疾入趙壁ᄒᆞ야拔趙幟ᄒᆞ고立漢赤幟ᄒᆞ라

成安君이일즉ᄉᆞᄉᆞ로義兵이라稱ᄒᆞ야詐謀와奇計를用치안는지라韓信이人으로ᄒᆞ여곰間視하야그廣武君의策을用치아니홈을知ᄒᆞ고크게喜ᄒᆞ야이에敢히兵을引ᄒᆞ고드대야下홀ᄉᆡ井陘口三十里에至치못ᄒᆞ야止ᄒᆞ야舍ᄒᆞ고夜半에傳을發ᄒᆞ야輕騎二千人을選ᄒᆞ야人이ᄒᆞᆫ赤幟를持ᄒᆞ고間道로從ᄒᆞ야趙軍을望ᄒᆞ고誡ᄒᆞ여曰趙가我의走홈을見ᄒᆞ면반다시壁을空ᄒᆞ고我를逐ᄒᆞ리니若이ᄊᆞᆯ니趙壁에入ᄒᆞ야趙幟을拔ᄒᆞ고漢의赤幟를立ᄒᆞ라

令裨將傳餐(裨音卑將之偏副餐音飧小飯也謂立駐傳飧而食)曰今日에破趙會食ᄒᆞ리라諸將이皆莫信ᄒᆞ다佯應曰諾다乃使萬人으로先行出背水陣ᄒᆞ니趙軍이望見

大笑ᄒᆞ더라

裨將으로하여곰餐을傳ᄒᆞ여曰今日에趙를破ᄒᆞ고會ᄒᆞ야食호리라諸將이다信하리가업되그짓應ᄒᆞ야曰諾다이에萬人으로하여곰먼저行ᄒᆞ야出ᄒᆞ야水를背ᄒᆞ고陣ᄒᆞ니趙軍이바라보고크게笑ᄒᆞ더라

平旦에信이建大將旗皷ᄒᆞ고鼓行出井陘口ᄒᆞ니趙ㅣ開壁擊之어늘大戰良久에信이與張耳로佯棄鼓旗ᄒᆞ고走水上軍ᄒᆞᆫ대(水名綿蔓出井州流入井陘界)趙ㅣ果空壁ᄒᆞ야爭漢旗皷ᄒᆞ고逐信耳어늘信耳ㅣ已入水上軍ᄒᆞ야軍皆殊死戰ᄒᆞ니不可敗오(殊絶也謂決意必死)信의所出奇兵二千이遂馳入趙壁ᄒᆞ야皆拔趙旗ᄒᆞ고立漢赤幟ᄒᆞ니趙軍이已不能得信等ᄒᆞ고還歸壁ᄒᆞ니壁皆漢幟라見而大驚ᄒᆞ야兵亂遁走어늘漢兵이夾擊ᄒᆞ야大破趙軍ᄒᆞ고斬成安君泜水上ᄒᆞ고(泜音脂水出恒山在趙州)擒趙王歇ᄒᆞ다

平旦에信이大將旗皷를建ᄒᆞ고皷ᄒᆞ며行ᄒᆞ야井陘口를出ᄒᆞ니趙ㅣ壁을開ᄒᆞ고擊ᄒᆞ거늘大戰ᄒᆞ기를얼마ᄒᆞ다가信이張耳로더브러그짓皷와旗를棄ᄒᆞ고水上軍으

(此在兵法)孫子曰前有山後有大水進不得退有碍者

(拊循)拊與撫同

(驅市人而戰)如忽入市廛驅其人以赴戰非所錬習者

(予之)予與與通

로走ᄒᆞᄃᆡ趙ㅣ果然壁을空ᄒᆞ야漢의旗鼓를爭ᄒᆞ고信과耳를逐ᄒᆞ거ᄂᆞᆯ信과耳ㅣ임의水上軍으로入ᄒᆞ야軍이다殊히死戰ᄒᆞ니可히敗치안코信의出ᄒᆞᆫ바奇兵二千이ᄃᆞ드ᄃᆡ여달녀趙壁으로入ᄒᆞ야다趙旗를拔ᄒᆞ고漢의赤幟를立ᄒᆞ니趙軍이임의能히信等을得치못ᄒᆞ고還ᄒᆞ야壁으로歸ᄒᆞ니壁이다漢幟라見ᄒᆞ고크게驚ᄒᆞ야兵이亂ᄒᆞ야遁走ᄒᆞ거ᄂᆞᆯ漢兵이새셔擊ᄒᆞ야크게趙軍을破ᄒᆞ고成安君을泜水上에斬ᄒᆞ고趙王歇을擒ᄒᆞ다

諸將이**問信曰兵法**에**右背山陵**이오**前左水澤**이어늘**今者**에**將軍**이**令臣等**으로**反背水陣**ᄒᆞ야**以勝**은**何也**오**信**이**曰此在兵法**ᄒᆞ대**顧諸君**이**不察耳**로다**兵法**에**不曰陷之死地而後**에**生**ᄒᆞ고**置之亾地而後**에**存乎**아**且信**이**非得素拊循士大夫也**ㅣ라**此所謂驅市人而戰**이니**予之生地**면**皆走**리니**寧得而用之乎**아**諸將**이**皆服**이러라

諸將이信에게問ᄒᆞ야曰兵法에右로山陵을背ᄒᆞ고前으로水澤을左ᄒᆞ거ᄂᆞᆯ今者에將軍이臣等으로ᄒᆞ여곰도로혀水를背ᄒᆞ고陣ᄒᆞ야써勝ᄒᆞᆷ은何인고信이曰이것이兵法에在ᄒᆞᄃᆡ도로혀諸君이察치못ᄒᆞ엿도다兵法에曰死地에陷ᄒᆞᆫ後에生ᄒᆞ고亡

地에置ᄒᆞᆫ後에存ᄒᆞᆫ다ᄒᆞ지아니ᄒᆞ엿ᄂᆞ뇨또信이본ᄃᆡ附循ᄒᆞᆫ士大夫를得홈이아니라이이른바市人을모라셔戰홈이니生地를予ᄒᆞ면다走ᄒᆞ리니웃지得ᄒᆞ야用ᄒᆞ리오諸將이다服ᄒᆞ더라

(東鄉坐) 古者以東向之位爲尊

信이募生得廣武君者면予千金호리라 有縛致麾下者어늘 信이解其縛ᄒᆞ고 東鄉坐師事之ᄒᆞ고 問曰僕이 欲北攻燕ᄒᆞ고 東伐齊ᄒᆞ노니 若何而有功고 廣武君이 曰亡國之大夫는 不可以圖存이오 敗軍之將은 不可以語勇이니라 信이 曰百里奚ㅣ 居虞而虞亡ᄒᆞ고 之秦而秦霸ᄒᆞ니 非愚於虞而智於秦也라 用與不用과 聽與不聽爾니 向使成安君으로 聽子計런들 僕亦擒矣러니라

信이募ᄒᆞ되生으로廣武君을得ᄒᆞᄂᆞᆫ者면千金을予호리라麾下에縛ᄒᆞ야致ᄒᆞᄂᆞᆫ者ㅣ有ᄒᆞ거늘信이그縛을解ᄒᆞ고東鄉으로안치고師로事ᄒᆞ고問ᄒᆞ여曰僕이北으로燕을攻ᄒᆞ고東으로齊를伐코져ᄒᆞ노니웃지ᄒᆞ면功이有ᄒᆞᆯ고廣武君이曰亾國의大夫ᄂᆞᆫ可히써存을圖ᄒᆞᆯ슈업고敗軍의將은可히써勇을語ᄒᆞᆯ슈업ᄂᆞ니라信이曰百里奚ㅣ虞에居ᄒᆞ야虞ㅣ亡ᄒᆞ고秦에之ᄒᆞ야秦이霸ᄒᆞ엿스니虞에愚ᄒᆞ고秦에智홈이

(成安君)陳餘

(按甲)止甲也

(咫尺之書)六尺曰咫言簡牘長寸

아니라用과다못用치아니홈과聽과다못聽차아니홈이니向에成安君으로ᄒᆞ여곰子의計를聽ᄒᆞ엿던들僕이ᄯᅩᄒᆞᆫ擒ᄒᆞ엿스리니라

廣武君이曰智者ㅣ千慮에必有一失이오愚者ㅣ千慮에必有一得故로曰狂夫之言도聖人이擇焉이라ᄒᆞ니將軍이虜魏王豹ᄒᆞ고誅成安君ᄒᆞ야威振天下ㅣ나然이나欲擧倦敝之兵ᄒᆞ야頓之燕堅城之下면欲戰不得이오攻之不拔이니今爲將軍計컨디莫如按甲休兵ᄒᆞ야鎭撫趙民ᄒᆞ고遣辯士ᄒᆞ야奉咫尺之書면燕必聽從ᄒᆞ리니燕已從而東臨齊ㅣ면雖有智者라도亦不知爲齊計矣리라韓信이從其策ᄒᆞ야發使燕ᄒᆞ니燕이從風而靡리라 燕王臧茶

廣武君이曰智者ㅣ천번慮홈에반다시한번失홈이有ᄒᆞ고愚者ㅣ천번慮홈에반다시한번得홈이有ᄒᆞᆫ故로曰狂夫의言도聖人이擇ᄒᆞᆫ다ᄒᆞ니將軍이魏王豹를虜ᄒᆞ고成安君을誅ᄒᆞ야威가天下에振ᄒᆞ나然이나倦敝ᄒᆞᆫ兵을擧ᄒᆞ야燕堅城의下를頓코져ᄒᆞ면戰코져ᄒᆞ나得지못ᄒᆞᆯ것이오攻ᄒᆞ여도拔치못ᄒᆞᆯ지니今에將軍을爲ᄒᆞ야計

컨딗甲을按ᄒᆞ고兵을休ᄒᆞ야趙民을鎭撫홈만갓지못ᄒᆞ고辯士를遣ᄒᆞ야咫尺의書를奉ᄒᆞ면燕이반다시聽從홀지니燕이임의從ᄒᆞ고東으로齊를臨ᄒᆞ면비록智者가有홀지라도또ᄒᆞᆫ齊를爲ᄒᆞ야計홀줄을知치못ᄒᆞ리라韓信이그策을從ᄒᆞ야使를發ᄒᆞ야燕에使ᄒᆞᆫ니燕이風을從ᄒᆞ야靡ᄒᆞ더라

隨何ㅣ至九江ᄒᆞ니九江王布ㅣ奉命至漢이어ᄂᆞᆯ漢王이方踞牀洗足이러니召布入見ᄒᆞᆫ딗布ㅣ大怒悔來ᄒᆞ야欲自殺이러니及出就舍에帳御飮食從官이皆如漢王居라布ㅣ又大喜過望이러라ᄒᆞ더라

恐布自尊大故先示慢侮以挫其氣後盛威儀以悅其心盖權道也

漢이益九江王兵ᄒᆞ야與俱屯成皐ᄒᆞ다

隨何ㅣ九江에至ᄒᆞ니九江王布ㅣ命을奉ᄒᆞ고漢에至ᄒᆞ거ᄂᆞᆯ漢王이바야흐로牀에踞ᄒᆞ야足을洗ᄒᆞ더니布를召ᄒᆞ야드려見ᄒᆞᆫ딗布ㅣ크게怒ᄒᆞ야來홈을悔ᄒᆞ야스ᄉᆞ로殺코져ᄒᆞ더니밋나와舍에就홈에帳御飮食從官이다漢王의居와如ᄒᆞᆫ지라布ㅣ또크게喜ᄒᆞ야望에過ᄒᆞ다ᄒᆞ더라漢이九江王兵을더ᄒᆞ야더브러한가지成皐에屯ᄒᆞ다

楚ㅣ數侵奪漢甬道ᄒᆞ니漢軍이乏食이라漢王이與酈食其로謀撓音檄弱也楚權ᄒᆞᆯ서食其ㅣ曰陛下ㅣ能復立六國之後ᄒᆞ야德義已行이면楚ㅣ

必歛袵而朝ᄒᆞ리이다 漢王曰善라 趣音促刻印ᄒᆞ야 先生이 因行佩之ᄒᆞ라
食其ㅣ未行에 張良이 從外來謁이어늘 漢王이 方食이러니 曰客有爲
我計撓楚權者라ᄒᆞ고 俱以酈生語로 告良ᄒᆞᆫ대

楚ㅣ자조漢의甬道를侵奪ᄒᆞ니漢軍이食이乏ᄒᆞᆫ지라漢王이酈食其로더브러楚權을撓ᄒᆞᆯ기를謀ᄒᆞᆯ식食其ㅣ曰陛下ㅣ能히다시六國의後를立ᄒᆞ야德과義가임의行ᄒᆞ면楚ㅣ반다시袵을歛ᄒᆞ고朝ᄒᆞ리이다漢王이曰善타ᄲᆞᆯ니印을刻ᄒᆞ야先生이因ᄒᆞ야行ᄒᆞ야佩ᄒᆞ라食其ㅣ行치안ᄒᆞ야張良이外로從ᄒᆞ야와謁ᄒᆞ거늘漢王이바야ᄒᆞ로食ᄒᆞ더니曰客이我를위ᄒᆞ야楚權을撓ᄒᆞ기를計ᄒᆞ는者ㅣ有ᄒᆞ다ᄒᆞ고가ᄎᆞ어酈生의語로써良에게告ᄒᆞᆫ대

良이 曰畫此計면 陛下事ㅣ 去矣리이다 請借前箸ᄒᆞ소서 音沮求所食之著以指畫 爲大
王籌之ᄒᆞ리이다 其不可者ㅣ 八이니 天下游士ㅣ 離親戚棄墳墓去故
舊ᄒᆞ고 爲陛下游者는 徒欲日夜로 望咫尺之地어늘 今復立六國
之後ㅣ면 天下游士ㅣ 各歸事其主ᄒᆞ리니 陛下ㅣ 誰與取天下乎리잇고

(輟)止也

(豎儒)豎童僕之未冠者也儒劣無知若童豎然

(乃公)乃汝也

(骨鯁)隨事敢刺鯁不從容也一說直言難受如骨之咈咽也

(亞父)范增也

(反間)以

誠用客謀면陛下事ㅣ去矣리이다漢王이輟食吐哺ᄒᆞ고(音布食在口也)罵曰
豎儒ㅣ幾敗迺公事로다(幾殆近也迺綱目作而迺公漢王自謂也)ᄒᆞ고令趣銷印ᄒᆞ다

良이曰이計를畫ᄒᆞ면陛下事ㅣ去ᄒᆞ리이다請컨ᄃᆡ前箸를借ᄒᆞ소서大王을위ᄒᆞ야
籌ᄒᆞ리이다 그可치아니ᄒᆞᆫ者ㅣ八이니天下遊士ㅣ親戚을離ᄒᆞ고墳墓를棄ᄒᆞ고故
舊를去ᄒᆞ고陛下를爲ᄒᆞ야游ᄒᆞ는者는ᄒᆞᆫ갓日夜에咫尺의地를望코져ᄒᆞᆷ이어늘이
제다시六國의後를立ᄒᆞ면天下游士ㅣ각々歸ᄒᆞ야그主를事ᄒᆞ리니陛下ㅣ誰로더
브러天下를取ᄒᆞ리잇고진실로客의謀를用ᄒᆞ면陛下事ㅣ去ᄒᆞ리이다漢王이食을
輟ᄒᆞ고哺를吐ᄒᆞ고罵ᄒᆞ야曰豎儒ㅣ거의迺公의事를敗ᄒᆞᆯ번ᄒᆞ엿도다ᄒᆞ고令ᄒᆞ야
ᄲᆞᆯ니印을銷ᄒᆞ다

漢王이謂陳平曰天下ㅣ紛紜ᄒᆞ니何時定乎아陳平이曰項王의
骨鯁之臣은亞父(卽范增亞次也羽尊之次於父)鍾離昧(音未鍾離複姓昧名)龍且(音沮)周殷之屬不
過數人耳니大王이誠能出捐數萬斤金ᄒᆞ야行反間ᄒᆞ야間其君
臣ᄒᆞ야以疑其心이면項王의爲人이意忌信讒ᄒᆞ야必內相誅ᄒᆞ리니漢이

計離間敵人曰反間

因擧兵而攻之면破楚ㅣ必矣리이다

漢王이陳平다려謂ᄒᆞ여曰天下ㅣ紛紜ᄒᆞ니何時에定ᄒᆞᆯ고陳平이曰項王의骨鯁의臣은亞父와鍾離昧와龍且와周殷의屬數人에不過ᄒᆞ니大王이진실로能히數萬斤金을捐ᄒᆞ야反間을行ᄒᆞ야그君臣을間ᄒᆞ야써그心을疑케ᄒᆞ면項王의人됨이意가忌ᄒᆞ고讒을信ᄒᆞᄂᆞᆫ지라반다시內에셔셔로誅ᄒᆞ리니漢이因ᄒᆞ야兵을擧ᄒᆞ야攻ᄒᆞ면楚를破ᄒᆞᆷ이必ᄒᆞ리이다

漢王曰善라ᄒᆞ고 乃出黃金四萬斤ᄒᆞ야 與平資所爲ᄒᆞ고 不問其出入ᄒᆞᆫ대平이 多以金으로縱反間於楚ᄒᆞ야 宣言鍾離昧等이爲項王將ᄒᆞ야功多矣나然이나終不得裂地而王이라欲與漢爲一ᄒᆞ야 以滅項氏而分王其地ᄒᆞ라ᄒᆞᆫ대 項羽ㅣ果不信鍾離昧等이러라

漢王이曰善타ᄒᆞ고이에黃金四萬斤을出ᄒᆞ야平에게與ᄒᆞ야ᄒᆞᆯ바를資ᄒᆞ고그出入을問치아니ᄒᆞᆫ대平이마니金으로써反間을楚에縱ᄒᆞ야言을宣ᄒᆞ야鍾離昧等이項王의將이되야功이多ᄒᆞ나然이나맛ᄎᆞᆷ내시러곰地를裂ᄒᆞ야王치못ᄒᆞᆫ지라漢王으로더부러一이되여써項氏를滅ᄒᆞ고난호어그地를分코져ᄒᆞᆫ다ᄒᆞ니項羽ㅣ과연鍾

離昧等을信치안터라

夏에楚ㅣ圍漢王於滎陽急이어늘漢王이請和ᄒᆞ야割滎陽以西者爲漢이러니亞父ㅣ勸羽ᄒᆞ야急攻滎陽ᄒᆞ니漢王이患之러라

夏에楚ㅣ漢王을滎陽에圍ᄒᆞ기를急히ᄒᆞ거늘漢王이和를請ᄒᆞ야滎陽써西者를割ᄒᆞ야漢을爲케ᄒᆞ엿더니亞父ㅣ羽를勸ᄒᆞ야急히滎陽을攻ᄒᆞ니漢王이患ᄒᆞ더라

項王이使使至漢이어늘陳平이使爲太牢具ᄒᆞ야擧進이라가(凡用牲繫養曰牢牛曰太牢羊曰小牢擧進擧鼎進來也)見楚使ᄒᆞ고即佯驚曰吾ㅣ以爲亞父使러니乃項王使라ᄒᆞ고復持去ᄒᆞ야更(音庚)以惡草具로進ᄒᆞ니(草粗也)楚使ㅣ歸ᄒᆞ야具以報項王ᄒᆞᆫ디王이果大疑亞父러라

項王이使를부리여漢에至ᄒᆞ거늘陳平이하여곰太牢具를ᄒᆞ야드러나아가다가楚使를見ᄒᆞ고곳그짓驚ᄒᆞ야曰吾ㅣ써亞父의使라ᄒᆞ엿더니이項王使라ᄒᆞ고다시持去ᄒᆞ야곳처惡草具로써進ᄒᆞ니楚使ㅣ歸ᄒᆞ야갓초어써項王게報ᄒᆞᆫ대王이과연크게亞父를疑ᄒᆞ더라

(太牢具)詩傳牛羊豕牢繫養曰牲圈也

(惡草)惡麁惡草草率也

(請骸骨)人臣委身以事君身非我有故於其乞退謂之請骸骨

(間出)間隙而出也

(黃屋)以黃繒爲盖帳

(左纛)以犛牛尾爲之大如斗繫於左騑馬軛上

亞父ㅣ 欲急攻下滎陽城ᄒᆞ대 項王이 不聽이어늘 亞父ㅣ 聞項王이 疑之ᄒᆞ고 乃怒曰天下事ㅣ 大定矣로소니 君王은 自爲之ᄒᆞ소서 願請骸骨歸ᄒᆞ노이다 未至彭城ᄒᆞ야 疽發背而死ᄒᆞ다

亞父ㅣ急히滎陽을쳐서下코져ᄒᆞ대項王이聽치안커늘亞父ㅣ項王이疑ᄒᆞᆷ을聞ᄒᆞ고이에怒ᄒᆞ여曰天下事ㅣ크게定ᄒᆞ엿스니君王은스스로ᄒᆞ소서骸骨을請ᄒᆞ야歸ᄒᆞ기를願ᄒᆞ노이다彭城에至치못ᄒᆞ야疽가背에發ᄒᆞ야死ᄒᆞ다

將軍紀信이 言於漢王曰事ㅣ 急矣라 臣請誑楚ᄒᆞ리니 王은 可以間出ᄒᆞ소서 於是에 陳平이 夜出女子東門二千餘人ᄒᆞ니 楚ㅣ 因擊之어늘 紀信이 乃乘王黃屋左纛ᄒᆞ고(音導或督) 曰食盡ᄒᆞ야 漢王이 降楚라ᄒᆞ대 楚ㅣ 皆呼萬歲ᄒᆞ고 之城東觀ᄒᆞ니 以故로 漢王이 得與數十騎로 出西門遁去ᄒᆞ다

將軍紀信이漢王에게言ᄒᆞ야曰事ㅣ急ᄒᆞᆫ지라臣이請컨대楚를誑호리니王은可히써間으로出ᄒᆞ소서이에陳平이夜에女子를東門으로二千餘人을出ᄒᆞ니楚ㅣ因ᄒᆞ

야擊ᄒᆞ거늘紀信이이에王의黃屋左纛를乘ᄒᆞ고曰食이盡ᄒᆞ야漢王이楚에降ᄒᆞ다
ᄒᆞᆫᄃᆡ楚ㅣ다萬歲를呼ᄒᆞ고城東으로之ᄒᆞ야觀ᄒᆞ니이런故로써漢王이시러곰數十
騎로더부러西門으로出ᄒᆞ야遁去ᄒᆞ다

(轅生)轅姓也

漢王이出滎陽至成皐ᄒᆞ야(河南縣名卽虎牢關)入關收兵ᄒᆞ야欲復東이어늘轅生이說漢王호ᄃᆡ深壁勿戰ᄒᆞ야令滎陽成皐間으로且得休息이라ᄒᆞᆫᄃᆡ漢王이從其計ᄒᆞ야出軍宛葉間ᄒᆞ야(葉音涉宛葉二地名)與黥布로行收兵이러니羽ㅣ聞漢王이在宛ᄒᆞ고果引兵來어늘漢王이堅壁不與戰ᄒᆞ다

漢王이滎陽에出ᄒᆞ야成皐에至ᄒᆞ야關에入ᄒᆞ야兵을收ᄒᆞ야다시東으로ᄒᆞ고져ᄒᆞ
거늘轅生이漢王을說호ᄃᆡ壁을深히ᄒᆞ고戰치勿ᄒᆞ야滎陽成皐의間으로하여곰ᄯᅩ
休息을得케ᄒᆞ라ᄒᆞᆫ대漢王이그計를從ᄒᆞ야軍을宛葉間에出ᄒᆞ야鯨布로더부러行
ᄒᆞ야兵을收ᄒᆞ더니羽ㅣ漢王이宛에在ᄒᆞᆷ을聞ᄒᆞ고果然兵을引ᄒᆞ고來ᄒᆞ거늘漢王
이壁을堅히ᄒᆞ고더브러戰치안다

彭越이爲漢將ᄒᆞ야游兵擊楚ᄒᆞᄃᆡ羽ㅣ乃使終公으로守成皐而自東

擊彭越이어늘 漢王이 破終公ᄒᆞ고 復軍成皐러니 羽ㅣ 已破走彭越ᄒᆞ고 乃引兵西ᄒᆞ야 拔滎陽城ᄒᆞ고 遂圍成皐ᄒᆞ니 漢王이 逃ᄒᆞ야 獨與滕公으로 共車出成皐玉門ᄒᆞ다

彭越이漢將이되여兵을游ᄒᆞ야楚를擊ᄒᆞᆫ대羽ㅣ이에終公으로ᄒᆞ야곰成皐를守ᄒᆞ고東으로브터彭越을擊ᄒᆞ거늘漢王이終公을破ᄒᆞ고다시成皐에軍ᄒᆞ엿더니羽ㅣ임의彭越을破ᄒᆞ야走케ᄒᆞ고이에兵을引ᄒᆞ고西으로ᄒᆞ야滎陽城을拔ᄒᆞ고드대여成皐를圍ᄒᆞ니漢王이逃ᄒᆞ야홀로滕公으로더브車러를共히ᄒᆞ고成皐玉門으로出ᄒᆞ다

北渡河ᄒᆞ야 宿小脩武傳舍ᄒᆞ고(小脩武在河內) 晨에 自稱漢使라ᄒᆞ고 馳入趙壁ᄒᆞ니 張耳韓信이 未起어늘 卽其臥內ᄒᆞ야 奪其印符ᄒᆞ고 以麾로 召諸將易置之ᄒᆞᆫ대 信耳ㅣ 起ᄒᆞ야 乃知漢王來ᄒᆞ고 大驚ᄒᆞ더라 漢王이 旣奪兩人軍ᄒᆞ고 卽令張耳로 循行ᄒᆞ야 備守趙地ᄒᆞ고 拜韓信爲相國ᄒᆞ야 收趙兵未發者ᄒᆞ야 擊齊ᄒᆞ다

北으로河를渡ᄒᆞ야小脩武傳舍에宿ᄒᆞ고晨에스ᄉᆞ로漢使라稱ᄒᆞ고달녀趙壁으로

入ᄒᆞ니張耳와韓信이起치아니ᄒᆞ엿거늘그臥內에卽ᄒᆞ야그印符를奪하고麾로써
諸將을召ᄒᆞ야밧고어둔ᄃᆡ信耳ㅣ起ᄒᆞ야이에漢王이來함을知하고크게驚하더라
漢王이임의兩人의軍을奪ᄒᆞ고곳張耳로하여곰循行ᄒᆞ야趙地를備守케하고韓信
을拜ᄒᆞ야相國을삼어趙兵의發치못ᄒᆞᆫ者를收ᄒᆞ야齊를擊하다

諸將이稍稍得出成皐ᄒᆞ야從漢王ᄒᆞ니楚ㅣ遂拔成皐ᄒᆞ고欲西어늘漢이使兵으로距之鞏ᄒᆞ야(音拱河南縣各)令其不得西ᄒᆞ다

諸將이졈졈시러곰成皐를出ᄒᆞ야漢王을從ᄒᆞ니楚ㅣ드대여成皐를拔ᄒᆞ고西로ᄒᆞ
고져ᄒᆞ거늘漢이兵을使ᄒᆞ야鞏에距ᄒᆞ야하여곰그西로ᄒᆞᆷ을得지못ᄒᆞ게ᄒᆞ다

漢王이欲捐成皐以東ᄒᆞ야屯鞏洛(城在洛陽東北)以距楚며니酈生이曰知天之天者는王事를可成이마王者는以民爲天ᄒᆞ고民은以食爲天ᄒᆞᄂᆞ니夫敖倉은天下轉輸ㅣ久矣라藏粟이甚多어늘楚人이拔滎陽ᄒᆞ야不堅守敖倉ᄒᆞ고乃引而東ᄒᆞ니此는天所以資漢也라願足下는急進兵ᄒᆞ야收取滎陽ᄒᆞ야據敖倉之粟ᄒᆞ고塞成皐之險ᄒᆞ고杜太行之

路하고距蜚狐之口ᄒᆞ고守白馬之津ᄒᆞ야 以示諸侯形制之勢則天下ㅣ知所歸矣리이다王이從之ᄒᆞ야乃復謀取敖倉ᄒᆞ다

漢王이成皐써東을捐ᄒᆞ야鞏洛에屯ᄒᆞ야써楚를距코져ᄒᆞ더니酈生이曰天의天을知ᄒᆞᄂᆞᆫ者ᄂᆞᆫ王事을可히成ᄒᆞᆯ지라王인者ᄂᆞᆫ民으로써天을ᄉᆞᆷ고民은食으로써天을ᄉᆞᆷᄂᆞ니무릇敖倉은天下轉輸ㅣ久ᄒᆞᆫ지라藏ᄒᆞᆫ粟이甚히多ᄒᆞ거ᄂᆞᆯ楚人이 滎陽을拔ᄒᆞ야敖倉을堅守치아니ᄒᆞ고이에引ᄒᆞ야東으로ᄒᆞ니이ᄂᆞᆫ天이써漢에資한바이라願컨ᄃᆡ足下ᄂᆞᆫ急히兵을進ᄒᆞ야滎陽을收取ᄒᆞ야敖倉의粟을據하고成皐의險을塞ᄒᆞ고太行의路를杜ᄒᆞ고蜚狐의口를距ᄒᆞ고白馬의津을守ᄒᆞ야써諸侯에게形制의勢를示ᄒᆞᆫ則天下ㅣ歸ᄒᆞᆯ바를知ᄒᆞ리이다王이從ᄒᆞ야이에다시謀하야 敖倉을取하다

食其ㅣ又說王曰方今燕趙ㅣ已定호대 唯齊ㅣ未下라諸田이宗彊ᄒᆞ야負海岱阻河濟ᄒᆞ니 雖遣數萬師라도 未可以歲月로破也라臣이請得奉明詔說齊王ᄒᆞ야使爲漢而稱東藩호리이다上이曰善타ᄒᆞ고乃使酈生으로說齊王曰天下之事ㅣ歸漢을可坐而策也라王이

(負)依也(阻)限也

(坐而策)籌也言不出戶而知

疾先下ᄒᆞ면齊國을可得而保어니와不然이면危亾을可立而待리이다

食其ㅣᄯᅩ王을說ᄒᆞ여日方今에燕趙ㅣ임의定ᄒᆞ대오작齊ㅣ下치못ᄒᆞᆫ지라諸田이宗이彊ᄒᆞ야海岱를負ᄒᆞ고河濟를阻ᄒᆞ니비록數萬師를遣ᄒᆞ드라도可히歲月로써破ᄒᆞᆯ슈가업ᄂᆞᆫ지라臣이쳥컨ᄃᆡ明詔를奉ᄒᆞ고齊王을說ᄒᆞ야하야곰漢을爲ᄒᆞ야東藩이라稱케ᄒᆞ리이다上이曰善타ᄒᆞ고이에酈生으로하여곰齊王을說ᄒᆞ여曰天下의事ㅣ漢에歸ᄒᆞᆷ을可히坐ᄒᆞ야策ᄒᆞᆯ지라王이ᄲᅡᆯ니먼져下ᄒᆞ면齊國을可히시러금保ᄒᆞ려니와然치아니ᄒᆞ면危亡을可히立ᄒᆞ야待ᄒᆞ리이다

先是에齊聞韓信이且東兵ᄒᆞ고使華無傷田解로將重兵屯歷下ᄒᆞ야以距漢이러니及納酈生之言ᄒᆞ야遣使與漢平ᄒᆞ고乃罷歷下守戰備ᄒᆞ다

(與漢平)平成也和也言成其和也

先時에齊ㅣ韓信이ᄯᅩ東으로兵ᄒᆞᆷ을聞ᄒᆞ고華無傷과田解로하여곰重兵을將ᄒᆞ고歷下에屯ᄒᆞ야써漢을距ᄒᆞ더니밋酈生의言을納ᄒᆞ야使를遣ᄒᆞ야漢으로더부러平ᄒᆞ고이에歷下守戰備를罷ᄒᆞ다

韓信이引兵東이라가未渡平原ᄒᆞ야聞酈食其ㅣ已說下齊ᄒᆞ고欲止러니

(間使)致隙曰間

辯士蒯徹이說信曰(蒯音佐徹史避武帝名改作通)將軍이受詔擊齊而漢이獨發間使ᄒᆞ야下齊ᄒᆞ니寧有詔止將軍乎아且酈生은一士로伏軾掉三寸之舌ᄒᆞ야(伏食其本傳作憑據也軾車前橫木也舌在口長三寸象斗玉衡)下齊七十餘城이어ᄂᆞᆯ將軍은以數萬衆으로歲餘에乃下趙五十餘城ᄒᆞ니爲將數歲에反不如一豎儒之功乎아信이然之ᄒᆞ다

韓信이兵을引ᄒᆞ고東으로ᄒᆞ다가平原을渡치못ᄒᆞ야酈食其ㅣ임의說ᄒᆞ야齊를下ᄒᆞᆷ을聞ᄒᆞ고止코져ᄒᆞ더니辯士蒯徹이信을說ᄒᆞ야曰將軍이詔를受ᄒᆞ고齊를擊ᄒᆞᆷ에漢이ᄒᆞ올로間使를發ᄒᆞ야齊를下ᄒᆞ엿스니엇지詔가有ᄒᆞ야將軍을止ᄒᆞ엿스리가ᄯᅩ酈生은一士로軾에伏ᄒᆞ야三寸의舌을掉ᄒᆞ야齊七十餘城을下ᄒᆞ엿거ᄂᆞᆯ將軍은數萬의衆으로ᄡᅥ歲餘에이에趙五十餘城을下ᄒᆞ엿스니將된지數歲에도리혀一豎儒의功만갓지못ᄒᆞᆫ가信이그러히여기더라

(戊戌)(西楚四年 漢四年)信이襲破歷下軍ᄒᆞ고遂至臨淄ᄒᆞ니齊王이以酈生으로爲賣己라ᄒᆞ야乃烹之ᄒᆞ고引兵東走高密ᄒᆞ다(北海屬縣)

信이齊歷下軍을襲ᄒᆞ야破ᄒᆞ고드대여臨淄에至ᄒᆞ니齊王이酈生으로써已를賣ᄒᆞ엿다ᄒᆞ야이에烹ᄒᆞ고兵을引ᄒᆞ고東으로高密로走ᄒᆞ다

(大司馬咎) 姓曹

楚大司馬咎ㅣ 守成皐ᄒᆞᆯ서 項王이 令謹守勿戰이러니 漢이 數挑戰ᄒᆞ대 (桃音刀要戰也) 楚軍이 不出이어ᄂᆞᆯ 使人辱之數日에 咎ㅣ 怒ᄒᆞ야 渡兵氾水러니 (氾音祀水名) 士卒이 半渡에 漢이 擊之ᄒᆞ야 大破楚軍ᄒᆞ고 盡得楚國寶貨ᄒᆞ니 咎及司馬欣이 自剄이어ᄂᆞᆯ 漢王이 引兵渡河ᄒᆞ야 復取成皐ᄒᆞ고 軍廣武ᄒᆞ야 就敖倉食ᄒᆞᆫᄃᆡ (敖倉西三皇山有二城相對東曰東廣武西曰西廣武) 項羽ㅣ 聞成皐破ᄒᆞ고 引兵軍廣武ᄒᆞ야 與漢相守ᄒᆞ다

楚大司馬咎ㅣ成皐를守ᄒᆞᆯ시項王이하여곰謹하야守ᄒᆞ고戰치말라ᄒᆞ얏더니漢이자조戰을挑호ᄃᆡ楚軍이出치안커늘人으로하여곰辱ᄒᆞᆫ지數日에咎怒ᄒᆞ야兵을氾水에渡ᄒᆞ더니士卒이半ᄯᅳᆷ渡ᄒᆞᆷ애漢이擊ᄒᆞ야크게楚軍을破ᄒᆞ고다楚國의寶貨를得ᄒᆞ니咎와밋司馬欣이스사로剄ᄒᆞ거ᄂᆞᆯ漢王이兵을引ᄒᆞ고河를渡ᄒᆞ야다시成皐을取ᄒᆞ고廣武에軍ᄒᆞ야敖倉에就ᄒᆞ야食ᄒᆞᆫᄃᆡ項羽ㅣ成皐가破ᄒᆞᆷ을聞ᄒᆞ고兵을引

ᄒᆞ고廣武에軍ᄒᆞ야漢으로더브러서로守ᄒᆞ다

楚軍이食少라項王이患之ᄒᆞ야爲高俎ᄒᆞ야置太公其上ᄒᆞ고(高俎俎几之類以示欲烹之意故置其上)告漢王曰今不急下면吾烹太公호리라漢王曰吾與羽로俱北面受命懷王ᄒᆞ야約爲兄弟ᄒᆞ니吾翁이即若翁이라必欲烹而翁인ᄃᆡ(若猶爾也)(而猶汝也)幸分我一杯羹ᄒᆞ라項王이怒ᄒᆞ야欲殺之어늘項伯이曰爲天下者ᄂᆞᆫ不顧家ᄒᆞᄂᆞ니雖殺之라도無益也니라

楚軍이食이少ᄒᆞᆫ지라項王이患ᄒᆞ야高ᄒᆞᆫ俎ᄅᆞᆯᄒᆞ야太公을그上에置ᄒᆞ고漢王게告ᄒᆞ여曰今에急히下치아니ᄒᆞ면吾ㅣ太公을烹호리라漢王이曰吾ㅣ羽로더브러ᄒᆞᆫ가지北으로面ᄒᆞ야命을懷王게受ᄒᆞ야約ᄒᆞ야兄弟가되엿ᄉᆞ니吾翁이곳너의翁이라반다시너의翁을烹코저ᄒᆞᆯ진ᄃᆡ다ᄒᆡᆼ이내게一杯羹을分ᄒᆞ라項王이怒ᄒᆞ야殺코저ᄒᆞ거늘項伯이曰天下ᄅᆞᆯ爲ᄒᆞᄂᆞᆫ者ᄂᆞᆫ家ᄅᆞᆯ顧치안나니비록殺ᄒᆞ드라도益이無ᄒᆞ니라

項王이謂漢王曰願與王으로挑戰決雌雄ᄒᆞ야毋徒苦天下之民

父子爲也ᄒᆞ노라 漢王曰吾寧鬪智언졍 不鬪力이라ᄒᆞ고 相與臨廣武間ᄒᆞ야 漢王이 數羽十罪ᄒᆞᆫ듸 羽負約王我於漢罪一矯殺卿子冠軍罪二救趙不報而擅刼諸侯入關罪三燒秦宮室掘始皇塚私其財罪四殺秦降王子嬰罪五詐坑秦降卒罪六王諸將善地而徙逐故主罪七出逐義帝自都彭城奪韓梁地罪八使人陰殺義帝江南罪九爲政不平主約不信天下所不容大逆無道罪十 羽ㅣ大怒ᄒᆞ야 伏弩射中漢王ᄒᆞ니 漢王이 傷胸이라 乃捫足 捫音門摸也傷胸而捫足以安衆也 曰虜中吾指라ᄒᆞ더라

項王이漢王다려謂ᄒᆞ여曰願컨듸王으로더브러戰을挑ᄒᆞ야雌雄을決ᄒᆞ야ᄒᆞᆫ갓天下의民父子를苦치勿케ᄒᆞ겟노라漢王이曰吾ㅣ寧히智를鬪ᄒᆞᆯ지언졍力을鬪치안켓다ᄒᆞ고서로더브러廣武間에臨ᄒᆞ야漢王이羽의十罪를數ᄒᆞᆫ대羽ㅣ크게怒ᄒᆞ야弩를伏ᄒᆞ야쏘아漢王을中ᄒᆞ니漢王이胷을傷ᄒᆞᆫ지라이에足을捫ᄒᆞ고曰虜가吾의指를中ᄒᆞ엿다ᄒᆞ더라

漢王이 病創臥어늘 創讀作瘡傷也 張良이 彊請漢王ᄒᆞ야 起行勞軍ᄒᆞ야 以安士卒ᄒᆞ고 毋令楚乘勝이라ᄒᆞᆫ대 漢王이 出行軍이라가 疾甚ᄒᆞ야 因馳入成皐ᄒᆞ다

漢王이病創ᄒᆞ야臥ᄒᆞ거늘張良이彊히漢王게請ᄒᆞ야起ᄒᆞ야勞軍을行ᄒᆞ야써士卒을安ᄒᆞ고楚로ᄒᆞ여금勝을乘치못ᄒᆞ게ᄒᆞ라ᄒᆞᆫ듸漢王이出ᄒᆞ야軍을行ᄒᆞ다가疾이甚ᄒᆞ야因ᄒᆞ야달녀成皐로入ᄒᆞ다

(太半)凡數三分有二爲太半有一分爲小半

韓信이 已定臨淄ᄒᆞ고 遂東追齊王ᄒᆞᆫ듸 項王이 使龍且로 將兵救齊리니
龍且ㅣ 曰吾ㅣ 平生에 知韓信爲人이 易與耳라도 寄食於漂母ᄒᆞ니
無資身之策이오 受辱於袴下ᄒᆞ니 無兼人之勇이라 不足畏也라ᄒᆞ더라

韓信이임의臨淄를定ᄒᆞ고드대여東으로齊王을追ᄒᆞᆫ듸項王이龍且로ᄒᆞ여곰兵을將ᄒᆞ고齊를求ᄒᆞ더니龍且ㅣ曰吾ㅣ平生에韓信의人됨이易ᄒᆞᆷ을知ᄒᆞ엿노라食을漂母에게寄ᄒᆞ엿스니身을資ᄒᆞᆯ策이無ᄒᆞ고辱을袴下에서受ᄒᆞ엿스니人을兼ᄒᆞᆫ勇이無ᄒᆞᆫ지라足히畏ᄒᆞᆯ것이업다ᄒᆞ더라

齊楚ㅣ 與漢으로 夾濰水而陣이러니 (濰音維水名出瑯琊箕屋山) 韓信이 夜令人으로 爲萬
餘囊ᄒᆞ야 盛沙ᄒᆞ야 壅水上流ᄒᆞ고 引軍半渡ᄒᆞ야 擊龍且라가 佯不勝還走
ᄒᆞᆫ대 龍且ㅣ 果喜曰固知信怯也라ᄒᆞ고 遂追信이어ᄂᆞᆯ 信이 使人으로 決壅
囊ᄒᆞᆫ대 水ㅣ 大至ᄒᆞ야 龍且軍이 太半不得渡다 (三分二曰太半 三分一曰少半) 即急擊ᄒᆞ야 殺
龍且ᄒᆞ고 虜齊王ᄒᆞ고 盡定齊地ᄒᆞ다

齊와楚ㅣ漢으로더브러濰水를夾ᄒᆞ고陣ᄒᆞ엿더니韓信이夜에人으로하여곰萬餘

囊을만드러沙를담어셔水의上流를壅ᄒᆞ고軍을引ᄒᆞ고半쯤渡ᄒᆞ야龍且을擊ᄒᆞ다가그짓勝치못ᄒᆞ고還ᄒᆞ야走ᄒᆞᆫᄃᆡ龍且ㅣ果然喜ᄒᆞ야曰진실로信이㤼홈을知ᄒᆞ겟다ᄒᆞ고드대여信을追ᄒᆞ거늘信이人으로하여곰壅ᄒᆞᆫ囊을決ᄒᆞᆫᄃᆡ水ㅣ크게至ᄒᆞ야龍且의軍이太半이나渡홈을得지못ᄒᆞᆫ지라곳急히擊ᄒᆞ야龍且를殺ᄒᆞ고齊王을虜ᄒᆞ고다齊地를定ᄒᆞ다

立張耳ᄒᆞ야爲趙王ᄒᆞ다

張耳를세워趙王을삼다

韓信이使人言漢王曰齊는僞詐多變ᄒᆞ니反覆之國也오南邊楚ᄒᆞ니請爲假王ᄒᆞ야以鎭之ᄒᆞ노이다漢王이大怒어늘張良陳平이躡漢王足ᄒᆞ고因附耳語曰漢方不利ᄒᆞ니寧能禁信之自王乎잇가不如因而立之ᄒᆞ야使自爲守ㅣ니이다漢王이亦悟ᄒᆞ고因復罵曰大丈夫ㅣ定諸侯에卽爲眞王耳니何以假爲리오ᄒᆞ고遣張良ᄒᆞ야操印立信ᄒᆞ야爲齊王ᄒᆞ고徵其兵ᄒᆞ야擊楚ᄒᆞ다

(躡)蹈也
(附耳語)
良平之耳

韓信이人으로ᄒᆞ여곰漢王게言ᄒᆞ야曰齊ᄂᆞᆫ僞詐ᄒᆞ고變이多ᄒᆞ니反覆의國이오南으로楚를邊ᄒᆞ니請컨ᄃᆡ假王이되여써鎭ᄒᆞ겟노이다漢王이크게怒ᄒᆞ거ᄂᆞᆯ張良과陳平이漢王의足을躡ᄒᆞ고因ᄒᆞ야耳를附ᄒᆞ고語ᄒᆞ야曰漢이바야흐로利치못ᄒᆞ니엇지能히信의ᄉᆞᄉᆞ로王홈을禁ᄒᆞ리잇고因ᄒᆞ야立ᄒᆞ야하야곰ᄉᆞᄉᆞ로守케홈만갓지못ᄒᆞ니이다漢王이또ᄒᆞᆫ悟ᄒᆞ고因ᄒᆞ야다시罵ᄒᆞ야曰大丈夫ㅣ諸侯를定홈에곳眞王이될것이니엇지써假로ᄒᆞᆫ다ᄒᆞ리오ᄒᆞ고張良을遣ᄒᆞ야印을操ᄒᆞ고信을立ᄒᆞ야齊王을삼고그兵을徵ᄒᆞ야楚를擊ᄒᆞ다

項王이聞龍且死ᄒᆞ고大懼ᄒᆞ야使盱台人武涉으로(盱台音吁胎)往說齊王信曰當今二王之事ㅣ權在足下ㅣ라足下ㅣ右投則漢王이勝ᄒᆞ고左投則項王이勝이어니와項王이今日亾則次取足下ᄒᆞ리니足下ㅣ與項王으로有故ᄒᆞ니何不反漢ᄒᆞ고與楚連和ᄒᆞ야三分天下王之오

項王이龍且ㅣ死홈을聞ᄒᆞ고크게懼ᄒᆞ야盱台人武涉으로ᄒᆞ여곰가셔齊王信을說ᄒᆞ야曰當今에二王의事ㅣ權이足下에게在ᄒᆞᆫ지라足下ㅣ右로投ᄒᆞᆫ則漢王이勝ᄒᆞ고左로投ᄒᆞᆫ則項王이勝ᄒᆞ려이와項王이今日에亾ᄒᆞᆫ則次에足下을取ᄒᆞ리니足下ㅣ項王으로더브러故가有ᄒᆞ니엇지ᄒᆞ야漢을反ᄒᆞ고楚로더브러連和ᄒᆞ야天下를

(相君之面)雖相面與背其實則面伏也面伏於漢王也背

三分ᄒᆞ야王치안는고

信이謝曰臣이事項王애官不過郞中이오位不過執戟이오(即中宿衛執戟之人)言

不聽畫不用故로倍楚而歸漢이러니漢王이授我上將軍印ᄒᆞ고予

我數萬衆ᄒᆞ고解衣衣我ᄒᆞ고推食食我ᄒᆞ고(下衣字着也下食字讀飼)言聽計用故로吾

ㅣ得以至於此ᄒᆞ니夫人이深親信我어늘我ㅣ倍之不祥이니幸爲信

謝項王ᄒᆞ라

信이謝ᄒᆞ야曰臣이項王을事홈에官은郞中에지나지못ᄒᆞ엿고位는執戟에지나지

못ᄒᆞ고言을聽치안코畫를用치안는故로楚를倍ᄒᆞ고漢에歸ᄒᆞ엿더니漢王이我의

게上將軍印을授ᄒᆞ고我에게數萬衆을予ᄒᆞ고衣를解ᄒᆞ야我를衣ᄒᆞ고食을推ᄒᆞ야

我를食ᄒᆞ고言를聽ᄒᆞ고計를用ᄒᆞᄂᆞᆫ故로吾ㅣ시러곰써此에至ᄒᆞ엿스니무릇人이

깁히親ᄒᆞ야我를信ᄒᆞ거ᄂᆞᆯ我ㅣ倍홈이祥치아니ᄒᆞ니다힝이信을爲ᄒᆞ야項王게謝ᄒᆞ

라

武涉이已去에蒯徹이以相人之術로說信曰僕이相君之面ᄒᆞ니

不過封侯오相君之背ᄒᆞ니貴不可言이로다韓信이曰何謂也오蒯

反也背反漢王也

(案齊之故)按音遏據也

徹이曰楚漢이分爭에智勇이俱困이라當今兩主之命이懸於足下ᄒᆞ니爲漢則漢勝이오與楚則楚勝이니誠能聽臣之計ㄴ딘莫若兩利而俱存之니參分天下ᄒᆞ야(參變作三)鼎足而居ᄒᆞ면其勢ㅣ莫敢先動이라案齊之故ᄒᆞ야有膠泗之地ᄒᆞ고深拱揖讓則天下之君王이相率而朝於齊矣리이다天與弗取면反受其咎ᄒᆞ고時至不行이면反受其殃이니願足下는熟慮之ᄒᆞ소셔

武涉이임의去ᄒᆞᆷ에蒯徹이相人ᄒᆞ는術로써信을說ᄒᆞ야曰僕이君의面을相ᄒᆞ니封侯ᄒᆞᆷ에지나지안코君의背ᄅᆞᆯ相ᄒᆞ니貴ᄒᆞᆷ을可히言ᄒᆞᆯ슈업도다韓信이曰읏지이름인고蒯徹이曰楚漢이난호어爭ᄒᆞᆷ에智와勇이ᄒᆞᆫ가지困ᄒᆞᆫ지라當今兩主의命이足下에게懸ᄒᆞ엿ᄉᆞ니漢을위ᄒᆞᆫ則漢이勝ᄒᆞᆯ것이오楚ᄅᆞᆯ與ᄒᆞᆫ則楚ㅣ勝ᄒᆞᆯ것이니진실로能히臣의計ᄅᆞᆯ聽ᄒᆞᆯ진ᄃᆡ두가지ᄅᆞᆯ利ᄒᆞ야ᄒᆞᆫ가지存ᄒᆞᆷ만갓치못ᄒᆞ니天下ᄅᆞᆯ三分ᄒᆞ야鼎足으로居ᄒᆞ면그勢ㅣ敢히먼저動치못ᄒᆞᆯ지라齊의故ᄅᆞᆯ案ᄒᆞ야膠泗의地ᄅᆞᆯ有ᄒᆞ고深히拱ᄒᆞ야揖ᄒᆞ고讓ᄒᆞᆫ則天下의君王이셔로率ᄒᆞ야齊에朝ᄒᆞ리이다天이與ᄒᆞᆷ을取치아니ᄒᆞ면도로혀그咎ᄅᆞᆯ受ᄒᆞ고時가至호대行치아니ᄒᆞ면도로혀그殃

(震主)震動也懼也

을受ᄒᆞᆯ지니願컨딕足下ᄂᆞᆫ熟히慮ᄒᆞ소서

信이曰漢王이遇我甚厚ᄒᆞ니吾豈可以鄉利而倍義乎리오 蒯生이曰勇略震主者ᄂᆞᆫ身危ᄒᆞ고功蓋天下者ᄂᆞᆫ不賞ᄒᆞᄂᆞ니今足下ㅣ戴震主之威ᄒᆞ고挾不賞之功ᄒᆞ야歸楚면楚人이不信ᄒᆞ고歸漢이면漢人이震恐이리니足下ᄂᆞᆫ安歸乎오信이曰先生은 且休矣어다 蒯徹이 復說曰夫功者ᄂᆞᆫ難成而易敗오時者ᄂᆞᆫ難得而易失也니 時乎時乎여不再來니이다 信이猶豫ᄒᆞ야(猶獸名性多疑聞有聲則豫登木下上不一謂不一曰猶豫) 不忍倍漢ᄒᆞ고 遂謝蒯徹ᄒᆞ다

信이曰漢王이我를遇ᄒᆞᆷ을甚히厚히ᄒᆞ니吾ㅣ웃지可히써利를鄉ᄒᆞ야義를倍ᄒᆞ리오蒯生이曰勇略이主를震ᄒᆞᄂᆞᆫ者ᄂᆞᆫ身이危ᄒᆞ고功이天下에蓋ᄒᆞᆫ者ᄂᆞᆫ賞ᄒᆞ리가업나니今에足下ㅣ震主의威를戴ᄒᆞ고不賞의功을挾ᄒᆞ야楚로歸ᄒᆞ면楚人이信치안코漢으로歸ᄒᆞ며漢人이震恐ᄒᆞ리니足下ᄂᆞᆫ어딕로歸ᄒᆞ려나뇨信이曰先生은또休ᄒᆞᆯ자어다蒯徹이다시說ᄒᆞ여曰무릇功이란者ᄂᆞᆫ成ᄒᆞ기難ᄒᆞ고敗ᄒᆞ기易ᄒᆞ고時라ᄒᆞᄂᆞᆫ者ᄂᆞᆫ得ᄒᆞ기難ᄒᆞ고失ᄒᆞ기易ᄒᆞ니時여時여두번來치안ᄂᆞ이다信이猶豫ᄒᆞ

야참아漢을倍치못ᄒᆞ고드대여蒯徹에게謝ᄒᆞ다

秋에立黥布ᄒᆞ야爲淮南王ᄒᆞ다

秋에黥布를立ᄒᆞ야淮南王을삼다

項羽ㅣ自知少助食盡ᄒᆞ고韓信이又進兵擊楚ᄒᆞ니羽ㅣ患之어늘漢이遣侯公ᄒᆞ야說羽請太公ᄒᆞᆫ대羽ㅣ乃與漢으로約中分天下ᄒᆞ야割鴻溝ᄒᆞ야(於滎陽下引河東南爲鴻溝以通宋鄭陳蔡曹衛與濟汝淮泗會於是則今官渡水也)以西爲漢ᄒᆞ고以東爲楚ᄒᆞ고九月에楚ㅣ歸太公呂后ᄒᆞ고引兵解而東歸어늘漢王이欲西歸러니張良陳平이說曰漢有天下太半而諸侯ㅣ皆附ᄒᆞ고楚는兵疲食盡ᄒᆞ니此는天亡之時也라今釋不擊이면所謂養虎自遺患也니이다漢王이從之ᄒᆞ다

項羽ㅣ스ᄉᆞ로助ᄒᆞ리가少ᄒᆞ고食이다ᄒᆞᆷ을知ᄒᆞ고韓信이ᄯᅩ兵을進ᄒᆞ야楚를擊ᄒᆞ니羽ㅣ患ᄒᆞ거늘漢이侯公을遣ᄒᆞ야羽을說ᄒᆞ야太公을請ᄒᆞᆫ대羽ㅣ이에漢으로더브러天下를中分ᄒᆞ야鴻溝을割ᄒᆞ야써西는漢이되고東은楚가되기로約ᄒᆞ고九月

세楚ㅣ太公과呂后를歸ᄒᆞ고兵을引ᄒᆞ고解ᄒᆞ야東으로歸ᄒᆞ거늘漢王이西으로歸코져ᄒᆞ엿더니張良과陳平이說ᄒᆞ야日漢이天下를太半이나두미諸侯ㅣ다附ᄒᆞ고楚는兵이疲ᄒᆞ고食이盡ᄒᆞ엿스니이는天이亾케ᄒᆞ는時라이제釋ᄒᆞ고擊치아니ᄒᆞ면이른바虎를養ᄒᆞ야ᄉᆞᄉᆞ로患을遺ᄒᆞᆷ이라ᄒᆞᆫ대漢王이從ᄒᆞ다

漢紀

太祖高皇帝下

(己亥)五年이라冬十月에漢王이追項羽至固陵ᄒᆞ야 (陳州縣名) 與齊王信과魏相國越로期會擊楚ᄒᆞ려니信越이不至라楚擊漢軍大破之ᄒᆞ니漢王이堅壁自守ᄒᆞ고謂張良曰諸侯ㅣ不從ᄒᆞ니奈何오

五年이라冬十月에漢王이項羽를쫏차固陵에至ᄒᆞ야齊王信과魏相國越로더브러會ᄒᆞ야楚를擊ᄒᆞ기를期ᄒᆞ엿더니信과越이至치안는지라楚ㅣ漢軍을擊ᄒᆞ야크게破ᄒᆞ니漢王이壁을堅히ᄒᆞ야ᄉᆞᄉᆞ로守ᄒᆞ고張良다려謂ᄒᆞ야曰諸侯ㅣ從치아니ᄒᆞ니읏지ᄒᆞᆯ고

對曰楚兵이且破에二人이未有分地ᄒᆞ니其不至ㅣ固宜라君王이能與共天下면可立致也ㅣ니今能取睢陽以北至穀城은 (睢音雖) 皆以王彭越ᄒᆞ고從陳以東傅海ᄂᆞᆫ與齊王信ᄒᆞ소서能出捐此地ᄒᆞ야以許兩人ᄒᆞ야使各自爲戰則楚를易破也ㅣ리이다漢王이從之ᄒᆞ니於

(分地)分去聲別也凡裂土封諸侯其受封者各有分也

(固宜)理宜然也

(共天下)共有天下

之地割而封之

是에韓信彭越이皆引兵來ᄒᆞ다

對ᄒᆞ여曰楚兵이ᄯᅩ破ᄒᆞᆷ에二人이分ᄒᆞᆫ地가잇지아니ᄒᆞ니그至치아니ᄒᆞᆷ이진실노宜ᄒᆞᆫ지라君王이能히더브러天下를共ᄒᆞ시면可히서서致ᄒᆞ리니今에能히睢陽써北을取ᄒᆞ야穀城에至ᄒᆞ야는다써彭越을王ᄒᆞ고陳써東으로從ᄒᆞ야海에傅ᄒᆞ기는齊王信에게與ᄒᆞ소셔能히此地를出捐ᄒᆞ야써兩人에게許ᄒᆞ야하여곰각々스스로戰케ᄒᆞᆫ則楚를破키易ᄒᆞ리이다漢王이從ᄒᆞ니이에韓信과彭越이다兵을引ᄒᆞ고來ᄒᆞ다

十二月에項王이至垓下ᄒᆞ니垓音該堤名即高岡絶巖其聚邑在其側因名垓下在沛之洨縣兵少食盡이라與漢戰不勝ᄒᆞ야入壁이어늘漢軍及諸侯兵이圍之數重이러니項羽ㅣ夜聞漢軍四面이皆楚歌ᄒᆞ고乃大驚曰漢이皆已得楚乎아是何楚人之多也오九江兵歸漢故多楚聲乃夜에起飮帳中ᄒᆞ고史紀羽本紀曰有美人名虞오駿馬名騅라乃悲歌慷慨ᄒᆞ야自爲歌ᄒᆞ니詩曰力拔山兮여氣盖世로다時不利兮여騅不逝로다騅不逝兮여可奈何오虞兮虞兮여奈君何오因泣下ᄒᆞ니左右ㅣ皆泣ᄒᆞ야莫能仰視ᄒᆞ더라

(田父)良預敎田父也

十二月에項王이垓下에至ᄒᆞ니兵이少ᄒᆞ고食이盡ᄒᆞᆫ지라漢으로더브러戰ᄒᆞᆷ에勝치못ᄒᆞ야壁에入ᄒᆞ거ᄂᆞᆯ漢軍과밋諸侯兵이圍ᄒᆞ기ᄅᆞᆯ數重으로ᄒᆞ엿더니項羽ㅣ夜에漢軍四面이다楚歌ᄒᆞᆷ을聞ᄒᆞ고이에大驚ᄒᆞ여曰漢이임의楚ᄅᆞᆯ得ᄒᆞ엿나이엇지楚人이多ᄒᆞᆫ고이에夜에起ᄒᆞ야帳中에셔飮ᄒᆞ고因ᄒᆞ야泣下ᄒᆞ니左右ㅣ다泣ᄒᆞ고能히仰視ᄒᆞ리업더라

於是에項王이乘其駿馬ᄒᆞ니麾下壯士騎從者ㅣ八百餘人이러니直夜에(直當也古字例何直爲値)潰圍南出走러니平明에漢軍이乃覺之ᄒᆞ고令騎將灌嬰으로以五千騎追之ᄒᆞ니項王이渡淮에騎能屬者ㅣ纔百餘人이러라

이에項王이그駿馬ᄅᆞᆯ乘ᄒᆞ니麾下壯士騎從者ㅣ八百餘人이라直夜에圍ᄅᆞᆯ潰ᄒᆞ고南으로出走ᄒᆞ엿더니平明에漢軍이이에覺ᄒᆞ고騎將灌嬰으로ᄒᆞ여곰五千騎로써追ᄒᆞ니項王이淮ᄅᆞᆯ渡ᄒᆞᆷ에騎가能히屬ᄒᆞᄂᆞᆫ者ㅣ겨우百餘人이러라

至陰陵(九江屬縣)ᄒᆞ야迷失道ᄒᆞ야問一田父ᄒᆞᆫ대田父ㅣ紿曰左ᄒᆞ라(紿音殆欺言也 左欺令向左去)左라가乃陷大澤中ᄒᆞ니漢이以故로追及之ᄒᆞ다

陰陵에至ᄒᆞ야迷ᄒᆞ야道ᄅᆞᆯ失ᄒᆞ야ᄒᆞᆫ田夫에게問ᄒᆞᆫ듸田夫ㅣ紿ᄒᆞ여曰左으로ᄒᆞ라左로ᄒᆞ다가이에大澤中에陷ᄒᆞ니漢이이로써追ᄒᆞ야及ᄒᆞ다

項王에乃復引兵至東城ᄒᆞ니(卽九江縣)乃有二十八騎라項羽ㅣ自度

不得脫ᄒᆞ고謂其騎曰吾ㅣ起兵至今八歲矣라身七十餘戰에未嘗敗北러니今卒困이如此ᄒᆞ니此는天之亡我오非戰之罪也라今日에固決死니ᄯᅩ願斬將刈旗三勝之ᄒᆞ야令諸君으로知天亡我ㅣ오非戰之罪리라ᄒᆞ고斬漢一將一都尉ᄒᆞ고殺數十百人ᄒᆞ니諸騎ㅣ皆伏이러라

項王이이에다시兵을引ᄒᆞ고東城에至ᄒᆞ니이에二十八騎가有ᄒᆞᆫ지라項羽ㅣ스ᄉᆞ로시러곰脫치못ᄒᆞᆯ줄을度ᄒᆞ고그騎다려謂ᄒᆞ야曰吾ㅣ兵을起ᄒᆞ야今에至ᄒᆞᆫ지八歲라몸소七十餘戰을ᄒᆞᆷ에일즉이敗北치아니ᄒᆞ엿더니이제졸지에困ᄒᆞᆷ이이와갓흐니이는天이我를亾ᄒᆞᆷ이오戰의罪는아니라今日에굿이死를決ᄒᆞ얏노니願컨ᄃᆡ將을斬ᄒᆞ고旗를刈ᄒᆞ야三勝ᄒᆞ야諸君으로하야곰天이我를亾ᄒᆞ엿고戰의罪가아님을知케ᄒᆞ겟다ᄒᆞ고漢의一將과一都尉를斬ᄒᆞ고數十百人을殺ᄒᆞ니諸騎가다伏ᄒᆞ더라

於是에項王이欲東渡烏江이러니和州縣名烏江亭長이檥船待라가檥音蟻附也敕船向岸曰檥謂項王曰江東이雖小ㅣ나地方이千里라亦足王也니願大王은急渡ᄒᆞ소서

이에項王이東으로烏江을渡코져ᄒᆞ더니烏江亭長이船을檥ᄒᆞ고待ᄒᆞ다가項王다려謂ᄒᆞ여曰江東이비록小ᄒᆞ나地方이千里라ᄯᅩᄒᆞᆫ足히써王ᄒᆞᆯ지니願컨ᄃᆡ大王은

急히渡ᄒᆞ소셔

項王이笑曰天之亡我어늘 我何渡爲오리 且籍이 與江東子弟八千人으로渡江而西러니今無一人還ᄒᆞ니縱江東父兄이 憐而王我ᄒᆞ나我ㅣ何面目으로見之며縱彼不言이나籍이獨不愧於心乎아ᄒᆞ고 乃令騎로皆下馬步行ᄒᆞ야持短兵接戰ᄒᆞ니獨籍의所殺漢軍이 數百人이오身亦數十餘創이러라乃曰吾ㅣ聞漢이 購我頭를千金邑萬戶라ᄒᆞ니吾爲若德이라ᄒᆞ고乃自刎而死ᄒᆞ다

項王이笑ᄒᆞ야曰天이我를亾ᄒᆞ거늘我ㅣ웃지渡ᄒᆞ리오ᄯᅩ籍이江東子弟八千人으로더브러江을渡ᄒᆞ야西으로ᄒᆞ얏더니今에一人도還ᄒᆞ는이가업스니비록江東의父兄이憐ᄒᆞ야我를王ᄒᆞ나我ㅣ무슨면목으로見ᄒᆞ며비록제가言치아니ᄒᆞ나籍이홀로心에愧치아느랴ᄒᆞ고이에騎로ᄒᆞ야곰다馬에下ᄒᆞ야步行ᄒᆞ야短兵을持ᄒᆞ고接戰ᄒᆞ니홀로籍의殺ᄒᆞᆫ바漢軍이數百人이오身도ᄯᅩ數十餘創이라이에曰吾ㅣ드르니漢이我의頭를千金과邑萬戶로購ᄒᆞᆫ다ᄒᆞ니내가네에게德을ᄒᆞ리라ᄒᆞ고이에

(爲主死節)爲去聲懷王初封羽爲魯公故也葬項王穀城東去縣十五里有塚(項伯)羽之季父名纏字伯陵項氏支屬皆不誅封項伯等四人爲列候

스스로刎ᄒᆞ야死ᄒᆞ다

楚地ㅣ悉定호ᄃᆡ獨魯ㅣ不下어늘漢王이欲屠之러니至其城下ᄒᆞ니猶聞弦誦之聲이어늘謂其守禮義之國이爲主死節이라ᄒᆞ고乃持項王頭示之ᄒᆞ니魯ㅣ乃降ᄒᆞᆫᄃᆡ漢이以魯公禮로葬項王ᄒᆞ고封項伯ᄒᆞ야爲列侯ᄒᆞ다

楚地가다定호대홀로魯가下치안커늘漢王이屠코져ᄒᆞ더니그城下에至ᄒᆞ니오히려弦誦의聲이聞ᄒᆞ거늘이르되그禮義를守ᄒᆞᄂᆞᆫ國이主를爲ᄒᆞ야節에死ᄒᆞᆫ다ᄒᆞ고이에項王의頭를持ᄒᆞ야示ᄒᆞ니魯ㅣ이에降ᄒᆞᆫᄃᆡ漢이魯公에禮로써項王을葬ᄒᆞ고項伯을封ᄒᆞ야列侯를ᄉᆞᆷ다

漢王이還至定陶ᄒᆞ야馳入齊王信壁ᄒᆞ야奪其軍ᄒᆞ고春正月에更立齊王信ᄒᆞ야爲楚王ᄒᆞ고王淮北ᄒᆞ야都下邳ᄒᆞ고封魏相國彭越ᄒᆞ야爲梁王ᄒᆞ고王魏故地ᄒᆞ야都定陶ᄒᆞ다

漢王이還ᄒᆞ야定陶에至ᄒᆞ야달녀齊王信의壁에入ᄒᆞ야그軍을奪ᄒᆞ고春正月에다

(就此)就成也成今日之功也

시齊王信을立ᄒᆞ야楚王을삼고淮北에王ᄒᆞ야下邳에都케ᄒᆞ고魏相國彭越을封ᄒᆞ야梁王을삼고魏의故地에王ᄒᆞ야定陶에都케ᄒᆞ다

韓信이至楚ᄒᆞ야召漂母賜千金ᄒᆞ고召辱己少年ᄒᆞ야以爲中尉ᄒᆞ고告諸將相曰此는壯士也라方辱我時에寧不能殺之耶아마는殺之無名故로忍而就此로라

韓信이楚에至ᄒᆞ야漂母를召ᄒᆞ야千金을賜ᄒᆞ고己를辱ᄒᆞ던少年을召ᄒᆞ야中尉를삼고諸將相에게告ᄒᆞ야日이는壯士라바야흐로我를辱ᄒᆞ던時에엇지能히殺ᄒᆞ지아니ᄒᆞ엿스리오마는殺홈이名이無ᄒᆞᆫ故로忍ᄒᆞ야此에就ᄒᆞ얏노라

諸侯王이皆上疏ᄒᆞ야請漢王爲皇帝어늘二月甲午에王이卽皇帝位于汜水之陽ᄒᆞ다

諸侯王이다疏를上ᄒᆞ야漢王게皇帝됨을請ᄒᆞ거늘二月甲午에王이皇帝位를汜水의陽에서卽ᄒᆞ다

夏五月에帝ㅣ置酒洛陽南宮ᄒᆞ고(在洛州洛陽故城中)上이曰徹侯諸將아(徹音哲通也言其上通王室也)毋敢隱朕ᄒᆞ고皆言其情ᄒᆞ라吾所以有天下者는何며項氏

(高起)姓名也

(帷幄之中)如請借前箸爲漢王陳不可者八之類帷幄軍幕也

(給)供給之也

之所以失天下者는何오

夏五月에帝ㅣ酒를洛陽南宮에置ᄒᆞ고上이曰徹侯와諸將은敢히朕에게隱치말고다그情을言ᄒᆞ라吾ㅣ써天下를有ᄒᆞᆫ바ㅅ者는무엇이며項氏의써天下를失ᄒᆞᆫ바ㅅ者는무엇인고

高起王陵이對曰陛下는慢而侮人ᄒᆞ시고項羽는仁而愛人이나然이나陛下는攻城略地에因以與之ᄒᆞ사與天下同其利ᄒᆞ시고項羽는妬賢嫉能ᄒᆞ야有功者를害之ᄒᆞ고賢者를疑之ᄒᆞ니此其所以失天下也ㅣ니이다

高起와王陵이對ᄒᆞ야曰陛下는嫚ᄒᆞ야人을侮ᄒᆞ시고項羽는仁ᄒᆞ야人을愛ᄒᆞ나然이나陛下는城을攻ᄒᆞ고地를略ᄒᆞᆷ에因ᄒᆞ야써與ᄒᆞ샤天下로더브러그利를同히ᄒᆞ시고項羽는賢을妬ᄒᆞ고能을嫉ᄒᆞ야功이有ᄒᆞᆫ者를害ᄒᆞ고賢ᄒᆞᆫ者를疑ᄒᆞ니이는그써天下를失ᄒᆞᆫ바이니이다

上이曰公은知其一이오未知其二로다夫運籌帷幄之中ᄒᆞ야決勝千里之外는吾不如子房이오鎭國家撫百姓ᄒᆞ고給餉餽(餉音向饟通 餽音匱饋通)不

(田橫懼誅)齊王死子廣立田橫相之韓信虜齊王田廣橫收散兵自立爲王與灌嬰戰敗而走彭越及羽滅而

絕糧道ᄂᆞᆫ吾不如蕭何오連百萬之衆ᄒᆞ야戰必勝攻必取ᄂᆞᆫ吾不如韓信이니三者ᄂᆞᆫ皆人傑이라吾能用之ᄒᆞ니此ㅣ所以取天下者也오項羽ᄂᆞᆫ有一范增而不能用ᄒᆞ니此ㅣ所以爲我擒也니라羣臣이悅服이러라

上이曰公은그一만知ᄒᆞ고二ᄂᆞᆫ知치못ᄒᆞᄂᆞᆫ도다무릇籌를帷幄의中에서運ᄒᆞ야千里의外에勝을決ᄒᆞᆷ은吾ㅣ子房만갓지못ᄒᆞ고國家를鎭ᄒᆞ고百姓을撫ᄒᆞ고餉饋를給ᄒᆞ고糧道를絕치아니ᄒᆞᆷ은吾ㅣ蕭何만갓지못ᄒᆞ고百萬의衆을連ᄒᆞ야戰ᄒᆞ면반다시勝ᄒᆞ고攻ᄒᆞ면반다시取ᄒᆞᆷ은吾ㅣ韓信만갓지못ᄒᆞ니三者ᄂᆞᆫ다人傑이라吾ㅣ能히用ᄒᆞ얏스니써天下를取ᄒᆞᆫ밧者이오項羽ᄂᆞᆫᄒᆞᆫ范增이有ᄒᆞᄃᆡ能히用치못ᄒᆞ엿스니이것이써我에게擒ᄒᆞᆫ바이니라羣臣이悅ᄒᆞ야服ᄒᆞ더라

項羽ㅣ已滅에田橫이懼誅ᄒᆞ야(齊王儋死橫自立爲齊王)與其徒五百人으로入居海島中이러니帝ㅣ恐其爲亂ᄒᆞ야乃使人으로赦橫罪而召之曰橫아來ᄒᆞ라大者면王이오小者면侯ㅣ어니와不來면且擧兵加誅ᄒᆞ리라橫이乃與其客二人으로乘傳詣洛陽이러니(傳音戰以木爲之長尺五寸書符其上又以一板備封以御史印章所以爲信乘傳者依乘符傳而行若今使者持節耳古者以車謂之傳車其後)

越爲漢梁王橫懼誅也

(自殺)橫與徒入渤海渤海島半洋山中帝召中橫至洛陽謂客曰橫始興漢王俱南面稱孤今漢王爲天子而橫北面事之甚耻已甚且烹人之兄而與其弟酈商同併肩事之乎縱彼不慍我不愧於心乎遂自頸

未至三十里ᄒᆞ야自殺이어ᄂᆞᆯ(又置單馬謂之驛騎)帝ㅣ拜其二客ᄒᆞ야爲都尉ᄒᆞ고以王禮로葬之ᄒᆞ다

項羽ㅣ임에滅ᄒᆞᆷ에田橫이誅를懼ᄒᆞ야그徒五百人으로더브러海島中에드러가居ᄒᆞ엿더니帝ㅣ그亂을ᄒᆞᆯ가恐ᄒᆞ야이에人으로ᄒᆞ여곰橫의罪를赦ᄒᆞ고召ᄒᆞ야曰橫아來ᄒᆞ라大ᄒᆞᆫ者면王이오小ᄒᆞᆫ者면侯ㅣ어니와來치아니ᄒᆞ면ᄯᅩ兵을擧ᄒᆞ야誅를加ᄒᆞ리라橫이이에그客二人으로더브러傳를乘ᄒᆞ고洛陽에詣ᄒᆞ더니三十里를至치못ᄒᆞ야스ᄉᆞ로殺ᄒᆞ거ᄂᆞᆯ帝ㅣ그二客을拜ᄒᆞ야都尉를삼고王의禮로ᄡᅥ葬ᄒᆞ다

橫을既葬에二客이穿其冢(塚通)旁ᄒᆞ고皆自剄下從之어ᄂᆞᆯ帝ㅣ聞之大驚ᄒᆞ야聞其餘尚五百人이在海中ᄒᆞ고使使召之러니至則聞橫死ᄒᆞ고亦皆自殺ᄒᆞ더라

橫을임의葬ᄒᆞᆷ이二客이그冢의旁을穿ᄒᆞ고다스ᄉᆞ로剄ᄒᆞ야下ᄒᆞ야從ᄒᆞ니帝ㅣ聞ᄒᆞ고크게驚ᄒᆞ야그餘ㅣ오히려五百人이海中에在ᄒᆞ다ᄒᆞᆷ을聞ᄒᆞ고使를使ᄒᆞ야召ᄒᆞ엿더니至ᄒᆞᆫ則橫이死ᄒᆞᆷ은聞ᄒᆞ고ᄯᅩ다스ᄉᆞ로殺ᄒᆞ더라

季布ㅣ爲項籍將ᄒᆞ야數窘辱帝러니項籍이滅에帝購布千金ᄒᆞᄃᆡ敢舍匿이면罪三族호리라布ㅣ乃髡鉗爲奴ᄒᆞ야(髡音坤鬍髮也鉗音謙以鐵束頸也)自賣於魯朱家러니(魯人姓朱)朱家ㅣ心知其季布也ᄒᆞ고賣置田舍ᄒᆞ고身之洛陽ᄒᆞ야見滕公ᄒᆞ고(夏侯嬰也)說曰季布ᄂᆞᆫ何罪오臣各爲主用職耳라(爲臣職當然耳)今上이始得天下而以私怨으로求一人ᄒᆞ시니何示不廣也오且以季布之賢으로漢이求之急ᄒᆞ니此ㅣ不北走胡면南走越耳라君은何不從容爲上言之오

季布ㅣ項籍의將이되여자조군석히帝를辱ᄒᆞ엿더니項籍이滅홈애帝ㅣ布를千金으로購호대敢히舍에匿ᄒᆞ면三族으로罪호리라布ㅣ이에髡ᄒᆞ고鉗ᄒᆞ야奴가되여스ᄉᆞ로魯朱家에賣ᄒᆞ얏더니朱家ㅣ心으로그季布인쥴을아라서田舍를買ᄒᆞ야置ᄒᆞ고身이洛陽에之ᄒᆞ야滕公을見ᄒᆞ고說ᄒᆞ야曰季布ᄂᆞᆫ무ᄉᆞᆫ罪이뇨臣이각々主를爲ᄒᆞ야職을用홈이라이제上이비로서天下를得ᄒᆞ야私의怨으로써一人을求ᄒᆞ시니엇지廣치못홈을示ᄒᆞ시ᄂᆞ뇨또季布의賢으로써漢이求ᄒᆞ기를急ᄒᆞ니此ㅣ北으로胡에走치아니ᄒᆞ면南으로越에走홀지라君은엇지ᄒᆞ야從容히上을爲ᄒᆞ야

言치안는고

滕公이待問言於上ᄒᆞᄃᆡ如朱家指ᄒᆞᆫᄃᆡ上이乃赦布ᄒᆞ고召拜郎中ᄒᆞᆫᄃᆡ

滕公이問을待ᄒᆞ야上게言ᄒᆞ되朱家의指ᄒᆞᆷ과如히ᄒᆞᆫᄃᆡ上이이에布를赦ᄒᆞ고召ᄒᆞ야郎中을拜ᄒᆞ다

布의母弟(異父同母)丁公이(名固薛人)亦爲項羽將ᄒᆞ야逐窘帝彭城西ᄒᆞ야短兵接이어늘(短兵刀劍也言戎車相迫輪轂相錯長兵不施故用刀劍以相接擊也)帝ㅣ急ᄒᆞ야顧謂丁公曰兩賢이豈相厄哉아丁公이引兵而還이러니及項王이滅에丁公이謁見이어ᄂᆞᆯ帝以丁公으로徇軍中曰丁公이爲項王臣不忠ᄒᆞ야使項王으로失天下ᄒᆞ라고遂斬之曰使後爲人臣으로無傚丁公也ᄒᆞ노라

(兩賢)高祖自謂幷與固也

(徇)行示也

布의母弟丁公이ᄯᅩᄒᆞᆫ項羽의將이되야ᄶᅩ쳐帝를彭城西에셔窘케ᄒᆞ야短兵으로接ᄒᆞ거ᄂᆞᆯ帝ㅣ急ᄒᆞ야도라보고丁公다려謂ᄒᆞ여曰兩賢이읏지서로厄ᄒᆞ랴丁公이兵을引ᄒᆞ고還ᄒᆞ엿더니밋項王이滅ᄒᆞᆷ에丁公이謁ᄒᆞ야見ᄒᆞ거ᄂᆞᆯ帝ㅣ丁公으로ᄡᅥ軍中에徇ᄒᆞ야曰丁公이項王의臣이되야忠치못ᄒᆞ야項王으로ᄒᆞ여곰天下를失케ᄒᆞ엿다ᄒᆞ고드대여斬ᄒᆞ야曰後에人臣이되는이로ᄒᆞ여곰丁公을傚치말게ᄒᆞ

노라

齊人婁敬이戍隴西過洛陽ᄒᆞᆯ서脫輓輅(輓牽也輅音路輅者一木橫遮車前二人輓之一人推之所謂輓輅)衣羊裘ᄒᆞ고因虞將軍ᄒᆞ야見上曰陛下ㅣ都洛陽ᄒᆞ시니豈欲與周室로比隆哉잇가上이曰然ᄒᆞ다婁敬이曰洛邑은天下之中이라有德則易以王이오無德則易以亡이어니와夫秦地는被山帶河ᄒᆞ야四塞以爲固ᄒᆞ니卒然有急이라도百萬之衆을可具니此亦扼天下之吭而附其背也니이다(扼音厄捉持也吭音抗咽喉也 拊擊也言關中如天下之咽喉)

齊人婁敬이隴西에戍할새洛陽을過하다가輓輅를脫하고羊裘를衣하고虞將軍을因ᄒᆞ야上에게見ᄒᆞ고曰陛下ㅣ洛陽에都ᄒᆞ시니ᄋᆞᆺ지周室로더부러隆을比코저ᄒᆞ시ᄂᆞᆫ잇가上이曰然ᄒᆞ다婁敬이曰洛邑은天下의中이라德이有ᄒᆞᆫ則써王ᄒᆞ기易ᄒᆞ고德이無ᄒᆞᆫ則써亾ᄒᆞ기易ᄒᆞ거니와무릇秦地ᄂᆞᆫ山을被ᄒᆞ고河를帶ᄒᆞ야四로塞ᄒᆞ야써固ᄒᆞ니卒然이急홈이有ᄒᆞ더라도百萬의衆을可히具ᄒᆞᆯ지니ᄯᅩᄒᆞᆫ天下의吭을扼ᄒᆞ고그背를附홈이니이다

帝問羣臣ᄒᆞᆫ듸 羣臣이 皆山東人이라 爭言周은 王數百年ᄒᆞ고 秦은 二世即亡이어니와 洛陽은 東有成皐ᄒᆞ고 西有殽澠ᄒᆞ고 背河向洛ᄒᆞ니 其固를 足恃也니이다

帝ㅣ羣臣에게問ᄒᆞᆫ듸羣臣이다山東人이라닷토어言호대周는數百年을王ᄒᆞ고秦은二世에곳亡ᄒᆞ엿거니와洛陽은東으로成皐가有ᄒᆞ고西으로殽澠이有ᄒᆞ고河를背ᄒᆞ고洛을向ᄒᆞ엿스니그固를足히恃ᄒᆞᆯ지니이다

上이 問張良ᄒᆞᆫ듸 良이 曰洛陽이 雖有此固나 四面受敵ᄒᆞ니 非用武之國也오 關中은 左殽函이오 (殽與崤通一名欽岑山在洛州函谷在陝西有洪溜澗水山形如函故稱函關路在谷口故名函谷) 右隴蜀이오 沃野千里라 (沃灌沃也言其土壤廣遠有灌漑之利) 阻三面而固守ᄒᆞ고 獨以一面으로 東制諸侯ᄒᆞ니 此는 所謂金城千里오 天府之國이니 (財物所聚曰府天府天所造也言物產饒多可備贍給也) 婁敬說이 是也니이다 上이 即日에 車駕ㅣ 西都長安ᄒᆞ야 號婁敬爲奉春君ᄒᆞ고 賜姓劉氏ᄒᆞ다

(奉春君) 春歲之始也以婁敬首諫關中故號奉春君

上이張良에게問혼대良이曰洛陽이비록이固홈이有ᄒᆞ나四面으로敵을受ᄒᆞ니武를用홀國이아니오關中은左가殽函이오右가隴蜀이오沃혼野가千里라三面으로阻ᄒᆞ야굿게守ᄒᆞ고홀로一面으로써東으로諸侯를制ᄒᆞ니이는이른바金城千里오天府의國이니婁敬의說이是ᄒᆞ니이다上이곳날에車駕ㅣ西로長安에都ᄒᆞ야婁敬을號ᄒᆞ야奉春君을숨고姓을劉氏라賜ᄒᆞ다

張良이素多病이러니從上入關ᄒᆞ야即道(音導)引ᄒᆞ고不食穀(導氣令其和引體令其柔服辟穀藥而不食靜居行氣以學道○能經鴟顧引接要體動諸關節以求難老)曰家世相韓이라가及韓滅에不愛萬金之資ᄒᆞ고爲韓報讎彊秦ᄒᆞ니天下ㅣ振動이라今以三寸舌로爲帝者師ᄒᆞ야封萬戶侯ᄒᆞ니此는布衣之極이라於良에足矣니願棄人間事ᄒᆞ고欲從赤松子遊耳라ᄒᆞ더라

張良이본ᄃᆡ病이多ᄒᆞ더니上을從ᄒᆞ야關에入ᄒᆞ야곳道引ᄒᆞ고穀을食치아니ᄒᆞ고曰家가世로韓에相ᄒᆞ다가밋韓이滅홈에萬金의資를愛치아니ᄒᆞ고韓을爲ᄒᆞ야讎를彊秦에報ᄒᆞ니天下ㅣ振動ᄒᆞ는지라今에三寸舌로써帝者師가되여萬戶侯를封ᄒᆞ니此는布衣의極홈이라良에게足ᄒᆞ니願컨ᄃᆡ人間事를棄ᄒᆞ고赤松子를從ᄒᆞ야

(赤松子)神農時爲雨師常止西王母石室隨風雨上下炎帝少女追之亦得仙俱去

(第)但也

(郊迎謁)出其郊遠迎謁也

(狡兎)等六句黃石公之三略

遊코저ᄒᆞᆫ다ᄒᆞ더라

(庚子)六年이라楚王信이初之國ᄒᆞ야行縣邑ᄒᆞᆯᄉᆡ陳兵出入ᄒᆞ니人有告信反者어늘帝問陳平ᄒᆞᆫ대平이曰古者에天子ㅣ巡狩ᄒᆞ야會諸侯ᄒᆞ니陛下ㅣ第出ᄒᆞ야僞遊雲夢ᄒᆞ야會諸侯於陳이면信이聞天子ㅣ出遊ᄒᆞ고其勢ㅣ必郊迎謁ᄒᆞ리니而陛下ㅣ因擒之ᄒᆞ시면此特一力士之事耳니이다

六年이라楚王信이처음으로國에之ᄒᆞ야縣邑을行할재兵을陳하고出入하니人이信이反ᄒᆞ다고告ᄒᆞ는者ㅣ잇거늘帝ㅣ陳平에게問한대平이曰古者에天子ㅣ巡狩ᄒᆞ야諸侯를會ᄒᆞ엿스니陛下ㅣ곳出ᄒᆞ야그짓雲夢에游하야諸侯를陳에서會하면信이天子出游홈을聞ᄒᆞ고그勢ㅣ반ᄃᆞ시郊에서迎하야謁하리니陛下ㅣ因하야擒ᄒᆞ시면이는특히한力士의事니이다

帝ㅣ以爲然ᄒᆞ야乃會諸侯於陳ᄒᆞ니信이謁上이어늘上이令武士로縛信載後車ᄒᆞᆫ대信이曰果若人言이로다狡兎ㅣ死에走狗ㅣ烹ᄒᆞ고高

中言也 (械繫)械者加以杻械繫者加以係索也

鳥ㅣ盡에良弓이藏하고敵國이破에謀臣이亡이라ᄒᆞ더니天下ㅣ已定에我固當烹이로다上이曰人告公反이라ᄒᆞ고遂械繫信以歸ᄒᆞ다

帝ㅣ써然ᄒᆞ다ᄒᆞ야이에諸侯를陳에會ᄒᆞ니信이上께謁ᄒᆞ거늘上이武士로하여곰信을縛ᄒᆞ야後車에載ᄒᆞᆫ대信이曰果然人의言과갓도다狡兎ㅣ死ᄒᆞᆷ에走狗ㅣ烹ᄒᆞ고高鳥ㅣ盡ᄒᆞᆷ에良弓이藏ᄒᆞ고敵國이破ᄒᆞᆷ에謀臣이亾ᄒᆞᆫ다ᄒᆞ더니天下ㅣ임의定ᄒᆞᆷ에我ㅣ진실로烹ᄒᆞᆷ을당ᄒᆞ도다上이曰人이公이反ᄒᆞᆫ다告ᄒᆞ드라ᄒᆞ고드대여信을械繫ᄒᆞ야써歸ᄒᆞ다

田肯이賀上曰陛下ㅣ得韓信ᄒᆞ시고又治秦中ᄒᆞ시니 (謂定都關中也時山東人呼關中爲秦中) 秦은形勝之國이라帶山河之險ᄒᆞ니持戟百萬에秦得百二焉이라 (秦地被山帶河得形勢之勝便地形險固故能勝人秦之二万人足當諸侯百萬人) 地勢ㅣ便利ᄒᆞ야以其下兵於諸侯ㅣ譬猶居高屋之上ᄒᆞ야建瓴水也 (建音蹇覆也瓴盛水瓶也居高屋之上而翻瓴水譬其向下之勢易也) 夫齊는東有瑯琊卽墨之饒ᄒᆞ고南有太山之固ᄒᆞ고西有濁河之限ᄒᆞ고 (濁河卽黃河齊西有平原郡河水東北過平原鬲津而踰河卽爲趙故曰限) 北有勃海之利ᄒᆞ니 (勃通作渤旁跌也旁跌出者橫在濟北故因名勃海郡有魚鹽之利) 持戟百萬에

齊ㅣ得十二焉이라 二十萬人當百萬 故로 此ㅣ東西秦也ㅣ니 非親子弟면 莫可使王齊矣니이다 帝曰善타

田肯이上게賀ᄒᆞ야曰陛下ㅣ韓信을得ᄒᆞ시고또秦中을治ᄒᆞ시니秦은形勝의國이라山河의險을帶ᄒᆞ니戟을持ᄒᆞ니가百萬에秦이百에二를得ᄒᆞᆫ지라地勢가便利ᄒᆞ야써그兵을諸侯에下ᄒᆞᆷ이譬컨ᄃᆡ高屋의上에居ᄒᆞ야瓴水를建ᄒᆞᆷ과갓고무릇齊는東으로瑯琊와即墨의饒가有ᄒᆞ고南으로太山의固가有ᄒᆞ고西으로濁河의限이有ᄒᆞ고北으로渤海의利가有ᄒᆞ니戟을持ᄒᆞ니가百萬에齊가十에二를得ᄒᆞᆫ지라故로此ㅣ東西秦이니親子弟가아니면可히 ᄒᆞ야금齊에 王치못ᄒᆞᆯ지니 이다帝ㅣ 曰善타

上이還至洛陽ᄒᆞ야赦韓信ᄒᆞ야封爲淮陰侯ᄒᆞ니信이知漢王이畏惡其能ᄒᆞ고多稱病不朝ᄒᆞ고羞與絳灌等으로列ᄒᆞ더라

上이洛陽에還至ᄒᆞ야韓信을赦ᄒᆞ야封ᄒᆞ야淮陰侯를ᄉᆞᆷ으니信이漢王이그能ᄒᆞᆷ을畏ᄒᆞ고惡ᄒᆞᆷ을知ᄒᆞ고마니病을稱ᄒᆞ고朝치아니ᄒᆞ고絳灌의等으로더브러列ᄒᆞᆷ을羞ᄒᆞ더라

上이嘗從容與信으로言諸將에能將兵多少러니上이問曰如我는能將幾何오信이曰陛下는不過能將十萬이니이다上이曰於君엔何如오曰臣은多多益善耳니이다上이笑曰多多益善이면何爲爲我擒고信이曰陛下는不能將兵而將將ᄒᆞ시나此ㅣ信所以爲陛下擒也오且陛下는所謂天授오非人力也니이다

上이일즉從容이信으로더브러諸將에能히兵을多少나將홀것을言ᄒᆞ더니上이問ᄒᆞ야曰我갓하셔는能히얼마나將홀고信이曰陛下는能히十萬을將홈에지나지못ᄒᆞ니이다上이曰君에는엇더ᄒᆞ고曰臣은만코만어도더욱좃소이다上이笑ᄒᆞ야曰만코만아도더욱조흐면웃지ᄒᆞ야我의게擒홈이되엿ᄂᆞ뇨信이曰陛下는能히兵을將치못ᄒᆞ시나將을거나리시기를잘ᄒᆞ시니이ㅣ信이써陛下의게擒ᄒᆞᆫ비됨이오또陛下는일운바天이授ᄒᆞ심이오人力은아니니이다

始剖符ᄒᆞ야(與其符剖面分之授其半將以合也)封諸功臣ᄒᆞ야爲徹侯ᄒᆞ시蕭何ㅣ封酇侯ᄒᆞ야(酇音贊屬)荊州所食邑이獨多ᄒᆞ어功臣이皆曰臣等은身被堅執銳ᄒᆞ야多者는

(汗馬之勢)馳逐行陣馬亦汗流

百餘戰이오少者ᄂᆞᆫ數十合이어ᄂᆞᆯ蕭何ᄂᆞᆫ未嘗有汗馬之勞ᄒᆞ고徒持文墨議論이라가反居臣等上은何也잇고帝ㅣ曰諸君은知獵乎아追殺獸兎者ᄂᆞᆫ狗也而發縱指示獸處者ᄂᆞᆫ人也라 縱史記作蹤發縱謂發其蹤指而示之也 今諸君은徒能得走獸耳니功이狗也오至於蕭何ᄒᆞ야ᄂᆞᆫ發縱指示ᄒᆞ니功이人也라ᄒᆞᆫ디羣臣이皆莫敢言이러라

비로소符를剖ᄒᆞ야모든功臣을封ᄒᆞ야徹侯를삼을ᄉᆡ蕭何ㅣ酇侯를封ᄒᆞ야食ᄒᆞᄂᆞᆫ바邑이홀로多ᄒᆞ거ᄂᆞᆯ功臣이다갈오ᄃᆡ臣等은몸소堅을被ᄒᆞ고銳를執ᄒᆞ야多ᄒᆞᆫ者ᄂᆞᆫ百餘戰이오少ᄒᆞᆫ者ᄂᆞᆫ數十合이어ᄂᆞᆯ蕭何ᄂᆞᆫ일쯕이馬를汗ᄒᆞᆫ勞도잇지안코ᄒᆞᆫ갓文墨議論을持ᄒᆞ다가도로혀臣等의上에居ᄒᆞᆷ은엇지ᄒᆞᆷ이니잇고帝ㅣ曰諸君은獵을知ᄒᆞᄂᆞᆫ가쏫쳐獸와兎를殺ᄒᆞᄂᆞᆫ者ᄂᆞᆫ狗이요縱을發ᄒᆞ야獸處를指ᄒᆞ야示ᄒᆞᄂᆞᆫ者ᄂᆞᆫ人이라今에諸君은ᄒᆞᆫ갓能히走ᄒᆞᄂᆞᆫ獸를得ᄒᆞᆷ이니功이狗오蕭何에至ᄒᆞ야ᄂᆞᆫ縱을發ᄒᆞ야指示ᄒᆞ엿으니功이人이라ᄒᆞᆫ대羣臣이다敢히言치못ᄒᆞ더라

張良이爲謀臣ᄒᆞ야亦無戰鬪功이러니帝ㅣ使自擇齊三萬戶어ᄂᆞᆯ良이

(會留)留地名 (幸而時中)中去聲時中謂有時而中蓋謙辭也

曰臣이始起下邳ᄒᆞ야與上會留ᄒᆞ니此는天이以臣으로授陛下ㅣ라陛下ㅣ用臣計ᄒᆞ샤幸而時中ᄒᆞ시니臣은願封留ㅣ足矣오不敢當三萬戶ᄒᆞ도소이다乃封張良ᄒᆞ야爲留侯ᄒᆞ다

張良이謀臣이되여ᄯᅩᄒᆞᆫ戰鬪功이無ᄒᆞ더니帝ㅣ하야곰스ᄉᆞ로齊三萬戶를擇케ᄒᆞ거늘良이曰臣이비로소下邳에起ᄒᆞ야上으로더브러留에셔會ᄒᆞ엿ᄉᆞ니이는天이臣으로ᄡᅥ陛下ᄭᅦ授ᄒᆞ심이라陛下ㅣ臣의計를用ᄒᆞ샤幸히時에中ᄒᆞ시니臣은願컨ᄃᆡ留에封ᄒᆞᆷ이足ᄒᆞ고敢히三萬戶를當ᄒᆞᆯ슈업도소이다이에張良을封ᄒᆞ야留侯를삼다

封陳平ᄒᆞ야爲戶牖侯ᄒᆞ니(戶牖鄕名在陳留陽武縣)平이辭曰此는非臣之功也ㅣ니이다上이曰吾用先生謀計ᄒᆞ야戰勝克敵ᄒᆞ니非功而何오平이曰非魏無知면臣이安得進이리잇고上이曰若子는可謂不背本矣라ᄒᆞ고乃復賞魏無知ᄒᆞ다

陳平을封ᄒᆞ야戶牖侯를삼으니平이辭ᄒᆞ야曰이는臣의功이아니니이다上이曰吾

(從兄)兄弟之子相謂從父昆弟本同祖從父而別也
(外婦之子)外婦謂與傍通者漢書高帝八子孫夫人生齊悼惠王肥
(爲齊王)齊形勝次於秦中故以封子肥也
(偶語)對語也

ㅣ先生의謀計를用ᄒᆞ야戰을勝ᄒᆞ고敵을克ᄒᆞ엿스니功이아니고何인고平이曰魏無知가아니면臣이엇지進홈을得ᄒᆞ엿스리잇고上이曰子갓ᄒᆞ니는可히本을背치안는다謂ᄒᆞ겟도다ᄒᆞ고이에다시魏無知를賞ᄒᆞ다

帝以天下ㅣ初定으로子幼昆弟ㅣ少ᄒᆞ고懲秦孤立而亡이라ᄒᆞ야欲大封同姓ᄒᆞ야以鎭撫天下ᄒᆞ시니春에立從兄賈ᄒᆞ야爲荊王ᄒᆞ고弟交로爲楚王ᄒᆞ고兄喜로爲代王ᄒᆞ고微時外婦之子肥로爲齊王ᄒᆞ다

帝ㅣ天下ㅣ처음의定홈으로써子幼昆弟가少ᄒᆞ고秦이孤히立ᄒᆞ다가亡홈을懲ᄒᆞ다ᄒᆞ야크게同姓을封ᄒᆞ야써天下를鎭撫코져ᄒᆞᆯ식春에從兄賈를立ᄒᆞ야荊王을삼고弟交로楚王을삼고兄喜로代王을삼고微ᄒᆞ엿든ᄯᅢ外婦의子肥로齊王을삼다

上이已封大功臣二十餘人ᄒᆞ고其餘는日夜爭功不決이러니上이在洛陽南宮ᄒᆞ야望見諸將이往往相與坐沙中偶語ᄒᆞ고上이曰此는何語오留侯ㅣ曰陛下ㅣ起布衣ᄒᆞ사以此屬으로取天下ᄒᆞ시어늘今爲天子而所封은皆故人이오所誅는皆仇怨故로相聚謀反耳

(有故怨) 帝初起令雍齒守豐雍齒不欲屬帝即以豐降魏帝屢攻之後克也

니이다

上이임의大功臣二十餘人을封ᄒᆞ고그餘는日과夜로功을爭ᄒᆞ야決치못ᄒᆞ더니上이洛陽南宮에在ᄒᆞ야諸將이잇다감잇다감셔로더브러沙中에坐ᄒᆞ야偶語ᄒᆞᆷ을望見ᄒᆞ고上이曰此는무ᄉᆞᆫ말인고留侯ㅣ曰陛下ㅣ布衣로起ᄒᆞ샤此屬으로ᄡᅥ天下를取ᄒᆞ셧거ᄂᆞᆯ이졔天子가되야封ᄒᆞᆫ바는다故人이오誅ᄒᆞᆫ바는다仇怨인故로셔로聚ᄒᆞ야反을謀ᄒᆞᆷ이니이다

上이憂之曰爲之奈何오 留侯ㅣ曰上의平生所憎은 群臣의所共知라誰最甚者잇고 上이曰雍齒ㅣ與我로有故怨ᄒᆞ야 數窘辱我ᄒᆞ니 欲殺之로ᄃᆡ爲其功多故로不忍이로라

上이憂ᄒᆞ야曰ᄋᆞᆺ지ᄒᆞᆯ고留侯ㅣ曰上의平生에憎ᄒᆞ시는바는群臣의한가지로知ᄒᆞ는바ㅣ라누가가장甚ᄒᆞᆫ者ㅣ니잇고上이曰雍齒ㅣ我로더브러故怨이有ᄒᆞ야자조군ᄉᆡᆨ히我를辱ᄒᆞ엿ᄉᆞ니殺코져ᄒᆞ되그功이多ᄒᆞᆷ을爲ᄒᆞᆫ故로참아못ᄒᆞ엿노라

留侯ㅣ曰今에 急先封雍齒則群臣人人이 自堅矣리이다 於是에上이乃置酒ᄒᆞ고封雍齒爲什方侯(什方一作計祁廣漢郡屬縣名)而急趣丞相御史ᄒᆞ야

定功行封ᄒᆞ니群臣이罷酒에 皆喜曰雍齒도 尙爲侯ᄒᆞ니 我屬은 無
患矣라ᄒᆞ더라

留侯ㅣ曰今에急히먼져雍齒를封ᄒᆞ신則群臣이人人이스ᄉᆞ로堅ᄒᆞ리이다이에上
이이에酒를置ᄒᆞ고雍齒를封ᄒᆞ야什方侯를삼고急히丞相御史를趣ᄒᆞ야功을定ᄒᆞ
고封을行ᄒᆞ니羣臣이酒를罷ᄒᆞᆷ에다喜ᄒᆞ야曰雍齒도오히려侯가되엿스니我屬은
患이無ᄒᆞ다ᄒᆞ더라

列侯ㅣ畢已受封에 詔定元功十八人位次ᄒᆞᆫ디 皆曰平陽侯曹
參이身被七十創ᄒᆞ고攻城畧地에功最多ᄒᆞ니宜第一이니이다 鄂千秋ㅣ
進曰群臣議ㅣ皆誤로소이다夫曹參이雖有野戰畧地之功이나 此特
一時之事어니와 上이 與楚相距五歲에 失軍亾衆ᄒᆞ야 跳身遁者ㅣ
數矣어늘(跳音調輕身走去也) 蕭何ㅣ嘗從關中ᄒᆞ야 遣軍補其處ᄒᆞ고 又軍無見糧
이어늘 蕭何ㅣ轉漕關中ᄒᆞ야給食不乏ᄒᆞ고 陛下ㅣ雖數亾山東이나 何ㅣ
嘗全關中ᄒᆞ야以待陛下ᄒᆞ니 此는 萬世之功也라 今雖亡參等百

(帶劍履) 古有君子必帶劍衛身且昭武備也秦法群臣上殿不得持尺寸之兵草

數나何缺於漢이완ᄃᆡ 奈何로 欲以一旦之功而加於萬世之功哉리잇고 蕭何ㅣ第一이오 曹參이次之니이다

列侯ㅣ다임의封을受홈에詔ᄒᆞ야元功十八人位次를定케ᄒᆞᆫᄃᆡ다ᄀᆞᆯ오ᄃᆡ平陽侯曹參이身으로七十創을被ᄒᆞ고城을攻ᄒᆞ고地를略홈에功이가장多ᄒᆞ니맛당이第一이니이다鄂千秋ㅣ進ᄒᆞ야曰羣臣의議가다誤ᄒᆞ도소이다무릇曹參이비록野戰略地의功이有ᄒᆞ나이ᄂᆞᆫ特히一時의事어니와上이楚로더브러서로距ᄒᆞᆫ지五歲에軍을失ᄒᆞ고衆을亡ᄒᆞ야身을跳ᄒᆞ야遁ᄒᆞᆫ者ㅣ數이어ᄂᆞᆯ蕭何ㅣ일즉이關中으로조차軍을遣ᄒᆞ야그處를補ᄒᆞ고또軍이糧을見치못ᄒᆞ거ᄂᆞᆯ蕭何ㅣ關中에轉漕ᄒᆞ야給食을乏치안코陛下ㅣ비록자주山東을亡ᄒᆞ셧스나何ㅣ일즉이關中을全ᄒᆞ야써陛下를待ᄒᆞ엿스니이ᄂᆞᆫ萬世의功이라이제비록參等은百數가업드라도무엇이漢에缺ᄒᆞᆫ관ᄃᆡ엇지ᄒᆞ야一旦의功으로써萬世의功을加코져ᄒᆞ시ᄂᆞᆫ잇고蕭何ㅣ第一이오曹參이次이니이다

上이曰善타ᄒᆞ고 於是에 乃賜蕭何帶劒履上殿ᄒᆞ야 入朝不趨ᄒᆞ고 上이曰吾ㅣ聞進賢에 受上賞이라ᄒᆞ니 蕭何ㅣ功雖高나 得鄂君ᄒᆞ야 乃益明이라ᄒᆞ고 於是에 封鄂千秋ᄒᆞ야 爲安平侯ᄒᆞ다

曰腓麻曰履皮曰履所以從軍容不入國政皆不許上殿又趨君前必崇敬故也今賜劍履上殿入朝不趨皆殊禮也

上이曰善다이에蕭何의게帶劍과履을賜ᄒᆞ야殿에上ᄒᆞ고朝에入홈에趨치안케ᄒᆞ고上이曰吾ㅣ드르니賢을進홈에上賞을受ᄒᆞᆫ다ᄒᆞ니蕭何功이비록高ᄒᆞ나鄂君을得ᄒᆞ야이에더욱明ᄒᆞ엿다ᄒᆞ고이에鄂千秋를封ᄒᆞ야安平侯를삼다

初에凶奴ㅣ畏秦ᄒᆞ야北徙十餘年이러니 及秦滅에匈奴ㅣ稍南復渡러라 單于 音蟬 頭曼이 音彎單于之名 有太子ᄒᆞ니 曰冒頓이라 音墨特 自立爲單于ᄒᆞ야 遂滅東胡ᄒᆞ고走月氏ᄒᆞ고 音支月支西域國名大小兩種 侵燕代러니 是時에漢楚ㅣ相距ᄒᆞ야 中國이罷 音皮 於兵革이라 以故로冒頓이得自强ᄒᆞ야控弦之士ㅣ三十餘萬이라 控引也謂能滿引弓弩者 圍韓王信於馬邑ᄒᆞᆫ대信이以馬邑으로降ᄒᆞ니 匈奴冒頓이引兵南ᄒᆞ야踰句注ᄒᆞ야攻太原ᄒᆞ야至晉陽ᄒᆞ다

初에匈奴ㅣ秦을畏ᄒᆞ야北으로徙ᄒᆞᆫ지十餘年을ᄒᆞ엿더니밋秦이滅홈에匈奴ㅣ다시졈々南으로渡ᄒᆞ더라單于頭曼이太子가有ᄒᆞ니曰冒頓이라스々로立ᄒᆞ야單于가되여드듸여東胡를滅ᄒᆞ고月氏를走ᄒᆞ고燕代를侵ᄒᆞ더니이ᄯᅢ에漢과楚ㅣ서로距ᄒᆞ야中國이兵革에罷ᄒᆞᆫ지라이런故로冒頓이시러곰스々로强ᄒᆞ야弦을控ᄒᆞ는士ㅣ三十餘萬이라韓王信을馬邑에圍ᄒᆞᆫ듸信이馬邑으로써降ᄒᆞ니匈奴冒頓이

을引ᄒᆞ고南으로ᄒᆞ야句注를넘어太原을攻ᄒᆞ야晋陽에至ᄒᆞ다

帝ㅣ悉去秦苛儀法ᄒᆞ야爲簡易ᄒᆞ니羣臣이飮酒爭功ᄒᆞ야醉或妄呼ᄒᆞ고拔劒擊柱어늘帝ㅣ益厭之러니叔孫通이說上曰儒者는難與進取오可與守成이니臣은願徵魯諸生ᄒᆞ야與臣子弟로共起朝儀ᄒᆞ리이다

帝ㅣ다秦의苛儀法을去ᄒᆞ야簡易ᄒᆞ게ᄒᆞ니羣臣이酒을飮ᄒᆞ고功을爭ᄒᆞ야醉ᄒᆞ면혹妄히呼ᄒᆞ야劍을拔ᄒᆞ야柱를擊ᄒᆞ거늘帝ㅣ더욱厭ᄒᆞ더니叔孫通이上를說ᄒᆞ야曰儒라ᄒᆞ는者는더부러進取키難ᄒᆞ고可히더브러成을守ᄒᆞᆯ지니臣은願컨ᄃᆡ魯諸生을徵ᄒᆞ야臣의子弟로더브러ᄒᆞᆫ가지朝儀를起ᄒᆞ리이다

帝ㅣ曰得無難乎아通이曰五帝는異樂ᄒᆞ고三王은不同禮ᄒᆞ니一者는因時世人情ᄒᆞ야爲之節文者也ㅣ라臣은願採古禮與秦儀ᄒᆞ야雜就之ᄒᆞ리이다上이曰可ᄒᆞ다試爲之ᄒᆞᄃᆡ令易知ᄒᆞ야度吾所能行爲之ᄒᆞ라

帝ㅣ曰시러곰難ᄒᆞᆷ이無ᄒᆞ랴通이曰五帝는樂을異ᄒᆞ고三王은禮를同히아니ᄒᆞ니二者는時世와人情을因ᄒᆞ야節文을ᄒᆞ는者라臣은願컨ᄃᆡ古禮와다못秦儀를採ᄒᆞ야雜ᄒᆞ야就ᄒᆞ리이다上이曰可ᄒᆞ다시험ᄒᆞ야ᄒᆞ되ᄒᆞ여곰知키易케ᄒᆞ야吾ㅣ能히行ᄒᆞᆯ바를度ᄒᆞ야爲ᄒᆞ라

(可興也)言行德教百年然後可起禮樂

(左右)謂近臣

(爲學者)諸素有學術者

(冬十月)時尚以十月爲歲首

魯有兩生이不肯行曰今에天下ㅣ初定에死者ㅣ未葬ᄒᆞ고傷者ㅣ未起어늘又欲起禮樂ᄒᆞ니禮樂所由起는積德百年而後에可興也ㅣ라吾ㅣ不忍爲公所爲니公은往矣어다

魯에兩生이잇셔行키를肯치아니ᄒᆞ여曰今에天下ㅣ처음으로定홈에死ᄒᆞᆫ者ㅣ葬치못ᄒᆞ고傷ᄒᆞᆫ者ㅣ起치못ᄒᆞ거늘또禮樂을起코져ᄒᆞ니禮樂의由ᄒᆞ야起ᄒᆞᄂᆞᆫ바는德을積ᄒᆞᆫ지百年인後에可히興홈이라吾ㅣ참아公의爲ᄒᆞᄂᆞᆫ바를ᄒᆞ지못ᄒᆞ겟스니公은往ᄒᆞᆯ지어다

叔孫通이笑曰鄙儒ㅣ不知時變이라ᄒᆞ고遂與所徵三十人으로西ᄒᆞ야及上左右爲學者와與其弟子百餘人으로爲緜蕞ᄒᆞ야野外習之ᄒᆞ다

蕞音絕蕝同緜蕞表位標準也盖立竹及茅索營之習禮於其中也一說緜謂置設緜索爲習肄處蕞謂以茅剪植地爲蕞位尊卑之次

叔孫通이笑ᄒᆞ야曰鄙儒ㅣ時變을知치못ᄒᆞᆫ다ᄒᆞ고드대여徵ᄒᆞᆫ바三十人으로더브러西로ᄒᆞ여밋上의左右에서學ᄒᆞᄂᆞᆫ者와다못그弟子百餘人으로緜蕞을ᄒᆞ야野外에서習ᄒᆞ다

(辛丑)七年이라冬十月에長樂宮이成ᄒᆞ다諸侯羣臣이皆朝賀홀서諸

故行朝賀之禮（上壽）壽者人之所欲故卑下奉觴進酒

侯王以下至吏六百石히莫不震恐肅敬ᄒᆞ고禮畢에復置法酒ᄒᆞ니(法酒猶言禮酌法者進止有禮也古人飮酒不過三爵君臣百拜終日宴不爲亂也)諸侍坐殿上이皆伏抑首ᄒᆞ야以尊卑次로起上壽ᄒᆞ고無敢讙譁失禮者러라於是에帝ㅣ曰吾ㅣ乃今日에知爲皇帝之貴也라ᄒᆞ고乃拜叔孫通ᄒᆞ야爲太常ᄒᆞ다(百官志太常卿掌禮儀祭祀每祭祀先奏其禮儀及行事常贊天子)

七年이라冬十月에長樂宮이成ᄒᆞ다諸侯羣臣이다朝賀ᄒᆞᆯ시諸侯王써아리吏六百石에至ᄒᆞ기震恐肅敬치아니리업고禮ᄅᆞᆯ畢ᄒᆞᆷ에다시法酒ᄅᆞᆯ置ᄒᆞ니諸侍殿上에坐ᄒᆞᆫ이가다伏ᄒᆞ야首ᄅᆞᆯ抑ᄒᆞ야尊卑의次로써起ᄒᆞ야壽ᄅᆞᆯ上ᄒᆞ고敢히讙譁ᄒᆞ고失禮ᄒᆞᄂᆞᆫ者ㅣ無ᄒᆞ더라이에帝ㅣ曰吾ㅣ이예今日에皇帝의貴ᄒᆞᆷ을知ᄒᆞ엿다ᄒᆞ고이에叔孫通을拜ᄒᆞ야太常을ᄉᆞᆷ다

初에秦有天下에悉內(音納)六國禮儀ᄒᆞ야採其尊君抑臣者存之러니及通制禮ᄒᆞ야大抵皆襲秦故ㅣ러라(襲因也言因襲秦時故事)

初에秦이天下ᄅᆞᆯ둠에다六國禮儀ᄅᆞᆯ納ᄒᆞ야그君을尊ᄒᆞ고臣을抑ᄒᆞᄂᆞᆫ者ᄅᆞᆯ採ᄒᆞ야存ᄒᆞ더니通이禮ᄅᆞᆯ制ᄒᆞᆷ에及ᄒᆞ야大抵다秦의故ᄅᆞᆯ襲ᄒᆞ더라

韓王信上年以馬邑降匈奴也

上이自將擊韓王信ᄒᆞ야居晉陽이러니聞冒頓이居代谷ᄒᆞ고欲擊之ᄒᆞ야使人覘匈奴ᄒᆞᆫ대(覘音尖窺也)冒頓이匿其壯士肥牛馬ᄒᆞ고但見老弱及羸畜이어늘(見音現露也 羸音离瘦也)使者十輩ㅣ來ᄒᆞ야皆言匈奴를可擊이라ᄒᆞᆫ디上이復使劉敬으로往ᄒᆞ니敬이還曰兩國이相擊에此ㅣ宜夸矜見所長이어늘今臣이往에徒見羸瘠老弱ᄒᆞ니此는必欲見短ᄒᆞ고伏奇兵以爭利니愚는以爲匈奴를不可擊이라ᄒᆞ노이다

上이스ᄉᆞ로將ᄒᆞ야韓王信을擊ᄒᆞ야晉陽에居ᄒᆞ더니冒頓이代谷에居ᄒᆞᆷ을聞ᄒᆞ고擊코져ᄒᆞ야人으로하여곰匈奴를覘ᄒᆞᆫ대冒頓이그壯士와肥牛馬를匿ᄒᆞ고다만老弱과밋羸畜을見ᄒᆞ거늘使者十輩ㅣ來ᄒᆞ야다言호대匈奴를可히擊ᄒᆞᆯ것이니이다上이다시劉敬으로하여곰往케ᄒᆞ니敬이還ᄒᆞ야曰兩國이서로擊ᄒᆞᆷ에이맛당이夸矜ᄒᆞ야長ᄒᆞᆫ바를見ᄒᆞ겟거늘이제臣이往ᄒᆞᆷ에한갓羸瘠과老弱만見ᄒᆞ엿스니이는반다시短ᄒᆞᆷ을見ᄒᆞ고奇兵을伏ᄒᆞ야써利를爭코져ᄒᆞᆷ이니愚는써ᄒᆞ되匈奴를可히擊치못ᄒᆞᆫ다ᄒᆞ노이다

上이怒罵敬曰齊虜ㅣ以口舌로得官ᄒᆞ야(敬本齊人故云齊虜)今乃妄言沮吾

(關內侯)秦制有侯號而居京畿無國邑至漢有食邑

軍이라ᄒᆞ고 械繫敬廣武ᄒᆞ다 (代州縣名)

上이 怒하야 敬을 罵하야 日齊虜ㅣ口舌로써 官을 得ᄒᆞ야 今에 이에 妄히 言ᄒᆞ야 吾軍을 沮ᄒᆞ다ᄒᆞ고 이에 敬을 廣武에 械繫ᄒᆞ다

帝ㅣ先至平城ᄒᆞ야 兵未盡到에 冒頓이 縱精兵四十萬騎ᄒᆞ야 圍帝於白登七日이러니 (平城東北有白登山及白登臺) 帝ㅣ用陳平秘計ᄒᆞ야 厚遺閼氏ᄒᆞᆫ디 (音淵支匈奴皇后號平使畫工圖美女間遣人遺閼氏云漢有美人如此今皇帝困阨欲獻之閼氏畏奪己寵謂冒頓曰漢天子亦有神靈雖得其地不能有之於是匈奴開其一面得突出) 乃解圍어늘 上이 至廣武ᄒᆞ야 赦劉敬ᄒᆞ고 斬前使十輩ᄒᆞ고 封敬爲關內侯ᄒᆞ야 號爲建信侯라ᄒᆞ다

帝ㅣ먼져平城에至ᄒᆞ야兵이다到치못ᄒᆞᆷ에冒頓이精兵四十萬騎를縱ᄒᆞ야帝를白登에셔七日을圍ᄒᆞ엿더니帝ㅣ陳平의秘計를用ᄒᆞ야厚히閼氏에게遺ᄒᆞᆫ대이에圍를解ᄒᆞ거늘上이廣武에至ᄒᆞ야劉敬을赦ᄒᆞ고前使十輩를斬ᄒᆞ고敬을封ᄒᆞ야關內侯를ᄉᆞᆷ어號를建信侯라ᄒᆞ다

帝ㅣ南過曲逆曰壯哉라縣이여吾行天下에獨見洛陽與是耳라ᄒᆞ고乃更封陳平ᄒᆞ야爲曲逆侯ᄒᆞ다 (中山國縣名因濡水至城北曲而西流故名章帝醜其名改曰蒲陰)

帝ㅣ南으로曲逆을過ᄒᆞ다가曰壯ᄒᆞ다縣이여吾ㅣ天下에行ᄒᆞᆷ에홀로洛陽과다뭇

이것을見ᄒᆞ엿다ᄒᆞ고이에陳平을封ᄒᆞ야曲逆侯를ᄉᆞᆷ다

平이常從征伐ᄒᆞ야凡六出奇計라 請捐金行反間一也以惡草具進楚使二也夜出女子二千人解滎陽圍三也躡足請封齊王信四也請僞遊雲夢縛信五也今解白登之圍六也 輒益封邑이러라

平이일즉征伐을從ᄒᆞ야무릇여셧번奇計를出ᄒᆞᆫ지라믄득封ᄒᆞᆫ邑을더ᄒᆞ엿더라

上이至長安ᄒᆞ니蕭何ㅣ治未央宮이어늘 取詩夜未央勤政之意也 上이見其壯麗ᄒᆞ고甚怒ᄒᆞ야謂何曰天下ㅣ匈匈ᄒᆞ야 擾也 勞苦數歲에成敗를未可知어늘是何治宮室過度也오何ㅣ曰天下ㅣ方未定故로可因以就宮室이니이다且夫天子는以四海爲家ᄒᆞ니非壯麗면亡以重威오且亡令後世로有以加也ᄒᆞ노이다上이悅ᄒᆞ다

上이長安에至ᄒᆞ니蕭何ㅣ未央宮을治ᄒᆞ거늘上이그壯麗ᄒᆞᆷ을見ᄒᆞ고甚히怒ᄒᆞ야何다려謂ᄒᆞ여曰天下ㅣ匈々ᄒᆞ야勞苦ᄒᆞᆫ지數歲에成敗를可히知치못ᄒᆞ겟거늘이웃지ᄒᆞ야宮室에過度히治ᄒᆞ는고何ㅣ曰天下ㅣ바야흐로定치못ᄒᆞᆫ고로可히因ᄒᆞ야써宮室을就ᄒᆞᆷ이니이다또ᄒᆞᆫ무릇天子는四海로써家를ᄒᆞ니壯麗가아니면써威

(妻群母)匈奴傳其俗父死妻其母兄弟死又娶其妻
(適)讀曰嫡閼氏凶奴皇后名也

롤重히홀슈업고또後世로하여곰써加홈이有치못ᄒᆞ게홈이니이다上이悅ᄒᆞ다

(壬辰)八年이라匈奴冒頓이數苦北邊ᄒᆞ니上이患之ᄒᆞ어늘劉敬이曰天下ㅣ初定에士卒이罷於兵ᄒᆞ니未可以武服也오冒頓이殺父代立ᄒᆞ야妻群母ᄒᆞ고(殺讀曰弒冒頓以鳴鏑射其父頭曼殺之遂妻其諸母) 以力爲威ᄒᆞ니未可以仁義說也라誠能以適長公主로妻之면彼必慕以爲閼氏ᄒᆞ리니生子면必爲太子라冒頓이在에固爲子婿오死則外孫이爲單于니豈嘗聞外孫이敢與大夫로抗禮哉리잇고

八年이라凶奴冒頓이자조北邊을苦케ᄒᆞ니上이患ᄒᆞ거늘劉敬이曰天下ㅣ처음으로定홈에士卒이兵에罷ᄒᆞ니可히武로써服홀슈업고冒頓이父롤殺ᄒᆞ고代ᄒᆞ야立ᄒᆞ야群母롤妻ᄒᆞ고力으로써威롤ᄒᆞ니可히仁義로써說홀슈업는지라진실로能히適長公主로써妻ᄒᆞ면제가반다시慕ᄒᆞ야써閼氏롤삼으리니子롤生ᄒᆞ면반다시太子ㅣ될지라冒頓이잇셔셔는진실로子婿가될것이오死호죽外孫이單于가될것이니엇지일직이外孫이敢히大夫로더브러禮롤抗홈을聞ᄒᆞ엿스리잇고

(癸卯)九年이라上이取家人子ᄒᆞ야(庶人家之女子)名爲長公主라ᄒᆞ야以妻單于

ᄒᆞ고使劉敬으로結和親約ᄒᆞ다

九年이라上이家人의子를取ᄒᆞ야名을長公主라ᄒᆞ야써單于에게妻ᄒᆞ고劉敬으로하여곰和親約을結케ᄒᆞ다

是歲에更以丞相何로爲相國ᄒᆞ다

이ᄒᆡ에다시丞相何로써相國을ᄉᆞᆷ다

(甲辰)十年이라戚姬ㅣ有寵於上ᄒᆞ야生趙王如意러니上이以太子ㅣ仁弱이라ᄒᆞ야欲廢之而立趙王ᄒᆞ니大臣이爭之ᄒᆞᄃᆡ皆莫能得이러니御史大夫周昌이廷爭之彊이어늘上이問其說ᄒᆞᆫᄃᆡ昌의爲人이吃이라(音訖 言之難也)又盛怒日臣이口不能言이나然이나臣이期期知其不可ᄒᆞ노니(期期者以其口吃故疊語)陛下ㅣ欲廢太子신ᄃᆡᆫ臣은期期不奉詔ᄒᆞ리이다上이欣然而笑ᄒᆞ다

十年이라戚姬ㅣ上에게寵ᄒᆞᆷ이有ᄒᆞ야趙王如意를生ᄒᆞ엿더니上이太子로써仁弱ᄒᆞ다ᄒᆞ야廢ᄒᆞ고趙王을立코져ᄒᆞ니大臣이爭ᄒᆞᄃᆡ다能히得지못ᄒᆞ더니御史大夫周昌이廷에셔爭ᄒᆞ기를彊히ᄒᆞ거늘上이그說을問ᄒᆞᆫᄃᆡ昌의人됨이吃ᄒᆞᆫ지라또盛히怒ᄒᆞ야曰臣이口로能히言치못ᄒᆞ나그러나臣이긔약고긔약고그可치아니ᄒᆞᆷ을知ᄒᆞ노니陛下ㅣ太子를廢코져ᄒᆞ실진ᄃᆡ臣은긔약고긔약고詔를奉치아니ᄒᆞ리이

(戚姬)戚姓姬官名位次在婕好下
(趙王如意)趙王敖廢爲宣平侯徙代王如意爲趙王
(期期)期必也朱子曰期極也極知其不可口吃故重言一字也

(辟)除也

다上이欣然이笑ᄒᆞ더라

初에上이以陽夏侯陳豨로(音喜)爲相國ᄒᆞ야監趙代邊兵이러니豨ㅣ過辭淮陰侯ᄒᆞᆫ디淮陰侯ㅣ挈其手ᄒᆞ고辟左右歎曰公所居ᄂᆞᆫ天下精兵處也오而公은陛下之信幸臣也라人言公叛이면陛下必不信이라가三至면必怒而自將ᄒᆞ리니吾ㅣ爲公從中起면天下를可圖ᄒᆞᆯ가ᄒᆞ노라

初에上이陽夏侯陳豨로써相國을삼어趙代邊兵을監케ᄒᆞ엿더니豨ㅣ過ᄒᆞ야淮陰侯에게辭ᄒᆞᆫ디淮陰侯ㅣ그手를挈ᄒᆞ고左右를辟ᄒᆞ고嘆ᄒᆞ야曰公의居ᄒᆞᆫ바ᄂᆞᆫ天下精兵의處이오公은陛下의信幸ᄒᆞᄂᆞᆫ臣이라人이公이叛ᄒᆞᆫ다言ᄒᆞ며陛下ㅣ반다시信치안타가세번至ᄒᆞ면반다시怒ᄒᆞ야ᄉᆞᄉᆞ로將ᄒᆞ리니吾ㅣ公을爲ᄒᆞ야中으로從ᄒᆞ야起ᄒᆞ면天下를可히圖ᄒᆞᆯ가ᄒᆞ노라

陳豨ㅣ曰謹奉教ᄒᆞ리라九月에遂與王黃等으로反ᄒᆞ야自立爲代王ᄒᆞ고刼畧趙代어늘上이自擊之ᄒᆞ니라至邯鄲ᄒᆞ야喜曰豨ㅣ不南據邯鄲而阻漳水ᄒᆞ니(上黨水名)吾知其無能爲矣로다

(刼畧)不以道取曰略

陳豨ㅣ曰삼가敎를奉호리라九月에드대여王黃等으로더브러反ᄒᆞ야스ᄉᆞ로立ᄒᆞ야代王이되고趙代를劫略ᄒᆞ거ᄂᆞᆯ上이스ᄉᆞ로擊ᄒᆞ더니邯鄲에至ᄒᆞ야喜ᄒᆞ야曰豨ㅣ南으로邯鄲에據ᄒᆞ야漳水를阻치아니ᄒᆞ엿스니吾ㅣ그能히ᄒᆞᆯ것업ᄉᆞᆷ을知ᄒᆞ엿도다

上이令周昌으로選趙壯士可令將者ᄒᆞᆫᄃᆡ白見四人이어ᄂᆞᆯ(告白於帝而召見之)上이嫚罵曰豎子ㅣ能將乎아四人이慙ᄒᆞ야皆伏地어ᄂᆞᆯ封各千戶ᄒᆞ야以爲將ᄒᆞ니左右ㅣ諫曰今에封此何功이니잇고上이曰非汝所知니라陳豨ㅣ反ᄒᆞ야趙代地ㅣ皆豨有ᄒᆞ니吾ㅣ以羽檄으로徵天下兵호ᄃᆡ(以鳥羽插於檄示速疾也)未有至者ㅣ니今計는惟獨邯鄲中兵耳라吾何愛四千戶ᄒᆞ야不以慰趙子弟리오皆曰善타ᄒᆞ다

上이周昌으로ᄒᆞ여곰趙壯士의可히ᄒᆞ여곰將ᄒᆞᆯ者를選ᄒᆞᆫᄃᆡ白ᄒᆞ야四人을見ᄒᆞ거ᄂᆞᆯ上이嫚罵ᄒᆞ여曰豎子ㅣ能히將ᄒᆞᆯ가四人이慙ᄒᆞ야다地에伏ᄒᆞ거ᄂᆞᆯ各々千戶를封ᄒᆞ야써將을삼으니左右ㅣ諫ᄒᆞ야曰今에此를封ᄒᆞᆷ은무슨功이니잇고上이曰汝의知ᄒᆞᆯ바가아니니라陳豨ㅣ反ᄒᆞ야趙代의地가다豨에게有ᄒᆞ니吾ㅣ羽檄으로써天下兵을徵호ᄃᆡ至ᄒᆞᆫ者ㅣ有치못ᄒᆞ니이제計는오작ᄒᆞᆯ노邯鄲中兵이라吾ㅣ웃

지四千戶를愛ᄒᆞ야써趙子弟를慰치아니ᄒᆞ리오다ᄀᆞᆯ오ᄃᆡ善타ᄒᆞ다

上이聞豨將이皆故賈人ᄒᆞ고曰吾知所以與之矣라ᄒᆞ고乃多以金
으로購豨將ᄒᆞ니豨將이多降ᄒᆞ다

上이豨將이다故賈人임을聞ᄒᆞ고曰吾ㅣ써與ᄒᆞᆯ바를知ᄒᆞ엿다ᄒᆞ고이에多히金으
로써豨의將을購ᄒᆞ니豨의將이降ᄒᆞᄂᆞᆫ이가多ᄒᆞ더라

(上變告)言上告非常之事也

(乙巳)十一年이라豨軍이遂敗ᄒᆞ다(十二年追斬之) 淮陰侯信이稱病不從擊
豨ᄒᆞ고陰使人으로至豨所ᄒᆞ야與通謀러니其舍人弟ㅣ(舍人親近左右之通稱其弟謝公者嘗得罪於韓信信欲殺之)
上變告信이欲反이라ᄒᆞ야ᄂᆞᆯ呂后ㅣ與蕭相國으로謀ᄒᆞ야詐令人으로從上
所來ᄒᆞ야言豨已得死라ᄒᆞ니列侯群臣이皆賀러니相國이紿信曰雖
疾이나彊入賀ᄒᆞ라(紿欺言也)信이入이어ᄂᆞᆯ呂后ㅣ使武士로縛信斬之ᄒᆞᆫᄃᆡ信이
方斬에曰吾ㅣ悔不用蒯徹之計ᄒᆞ야乃爲兒女子所詐ᄒᆞ니豈非
天哉리오ᄒᆞ고遂夷信三族ᄒᆞ다

十一年이라豨軍이드ᄃᆡ여敗ᄒᆞ다淮陰侯信이病을稱ᄒᆞ고豨를擊ᄒᆞᆷ을從치아니ᄒᆞ

고가마니人으로ᄒᆞ여곰豨所에至ᄒᆞ야더부러謀를通ᄒᆞ더니그舍人의弟ㅣ變을上ᄒᆞ야信이反코저ᄒᆞᆫ다告ᄒᆞ거늘呂后ㅣ蕭相國으로더부러謀ᄒᆞ야詐히人으로하여곰上의所로從ᄒᆞ야來ᄒᆞ야言ᄒᆞᄃᆡ豨가님의시러곰死ᄒᆞ엿다ᄒᆞ니列侯羣臣이다賀ᄒᆞ더니相國이信을紿ᄒᆞ여曰비록疾이나彊히入ᄒᆞ야賀ᄒᆞ라信이入ᄒᆞ거늘呂后ㅣ武士로ᄒᆞ여곰信을縛ᄒᆞ야斬ᄒᆞᆫᄃᆡ信이바야흐로斬홈에曰悔ᄒᆞ건ᄃᆡ蒯徹의計를用치못ᄒᆞ야이에兒女子의詐ᄒᆞᆫ바이되니엇지天이아니리오드ᄃᆡ여信의三族을夷ᄒᆞ다

(跖)盜跖柳下惠之弟正義曰跖本黃帝時大盜名下惠弟爲天下大盜故亦號盜跖
(置之)置捨也

上이還洛陽ᄒᆞ야聞淮陰侯死ᄒᆞ고問呂后曰信이死에亦何言고后이曰信이言恨不用蒯徹之計라ᄒᆞ더이다上이詔齊捕之ᄒᆞᆫᄃᆡ蒯徹이至ᄒᆞ어늘上이曰若이敎淮陰侯反乎아對曰然이니다秦失其鹿에天下ㅣ共逐之ᄒᆞ야高材疾足者ㅣ先得焉이라跖犬이吠堯ᄒᆞ니堯非不仁이언마는狗固吠其非主ㅣ니當是時ᄒᆞ야臣이惟知韓信이오非知陛下ㅣ니이다上이曰置之ᄒᆞ라

上이洛陽에還ᄒᆞ야淮陰侯죽음을聞ᄒᆞ고呂后다려問ᄒᆞ여曰信이死홈에또ᄒᆞᆫ무엇

이라言ᄒᆞ든고后ㅣ日信이言ᄒᆞ되蒯徹의計를用치못홈이恨이라ᄒᆞ더니다上이齊에詔ᄒᆞ야捕ᄒᆞᆫ대蒯徹이至ᄒᆞ거늘上이曰네가淮陰侯를敎ᄒᆞ야反ᄒᆞ라ᄒᆞ엿너냐對ᄒᆞ여日然이니다秦이그鹿을失홈의天下ㅣ共히逐ᄒᆞ야材가高ᄒᆞ고足히疾ᄒᆞᆫ者ㅣ먼져得ᄒᆞᆯ지라跖의犬이堯을吠ᄒᆞ니堯가仁치아니홈이아니언만는狗가진실로그主가아님을吠ᄒᆞ니이ᄯᅢ를當ᄒᆞ야臣이오즉韓信을知ᄒᆞ엿고陛下는知치못엿ᄂᆞ이다上이曰置ᄒᆞ라

初에上之擊陳豨也에徵兵於梁ᄒᆞᆫ디梁王이稱病ᄒᆞ고使將으로將兵詣邯鄲이어늘上이怒ᄒᆞ야使人讓之ᄒᆞ니梁王이恐ᄒᆞ야欲自往謝ᄒᆞᆫ디其將扈輒이勸王反이어늘梁王이不聽이러니梁太僕이得罪走漢ᄒᆞ야告梁王이與扈輒으로謀反이라ᄒᆞ야늘於是에上이使使掩王ᄒᆞ야囚之洛陽ᄒᆞ야有司ㅣ治ᄒᆞ니反形이已具ㅣ라上이赦以爲庶人ᄒᆞ야傳處蜀青衣ᄒᆞ다 (傳驛遞也謂轉轉相傳也青衣蜀郡名) (反形已具) 扈輒勸反越不誅是反形也

初에上이陳豨를擊홈에兵을梁에徵ᄒᆞᆫ디梁王이病을稱ᄒᆞ고將으로하야곰兵을將ᄒᆞ야邯鄲에詣ᄒᆞ거늘上이怒ᄒᆞ야人으로하여곰讓ᄒᆞ니梁王이恐ᄒᆞ야스ᄉᆞ로往ᄒᆞ

야謝코저ᄒᆞᆫ대其將扈輒이王을勸ᄒᆞ야反ᄒᆞ라ᄒᆞ거늘梁王이聽치아니ᄒᆞ엿더니梁
太僕이罪을得ᄒᆞ고漢에走ᄒᆞ야梁王이扈輒으로더브러反을謀ᄒᆞᆫ다告ᄒᆞ거늘이에
上이使를부려王을掩ᄒᆞ야洛陽에囚ᄒᆞ야有司ㅣ治ᄒᆞ니反形이임의具ᄒᆞᆫ지라上이
赦ᄒᆞ야써庶人을ᄉᆞᆷ어傳ᄒᆞ야蜀青衣에處케ᄒᆞ다

(昌邑)越故昌邑人

西逢呂后從長安來ᄒᆞ야彭王이爲呂后泣ᄒᆞ야自言無罪ᄒᆞ고願處故昌邑이어늘呂后ㅣ許諾ᄒᆞ고與俱ᄒᆞ야東至洛陽ᄒᆞ야白上曰彭王은壯士라今徙之蜀이면此는自遺患이니不如遂誅之라妾이謹與俱來ᄒᆞ이다

西으로呂后ㅣ長安으로조차來ᄒᆞᆷ을逢ᄒᆞ야彭王이呂后를爲ᄒᆞ야泣ᄒᆞ고스ᄉᆞ로無
罪ᄒᆞᆷ을言ᄒᆞ고故昌邑에處ᄒᆞ기를願ᄒᆞ거늘呂后ㅣ許諾ᄒᆞ고더브러俱ᄒᆞ야東으로
洛陽에至ᄒᆞ야上에게白ᄒᆞ여曰彭王은壯士라今에徙ᄒᆞ야蜀으로之ᄒᆞ면이는스ᄉᆞ
로患을遺ᄒᆞᆷ이니드대여誅ᄒᆞᆷ만갓지못ᄒᆞᆫ지라妾이삼가더부러한가지來호이다

(舍人)越舍人也
(梟)懸也

呂后ㅣ乃令其舍人으로告彭越이復謀反이라ᄒᆞ야늘夷越三族ᄒᆞ고梟越首洛陽ᄒᆞ고下詔有收視者ㅣ어든輒捕之니라梁大夫欒布ㅣ使於齊

다가還奏事越頭下ᄒᆞ고祠而哭之ᄒᆞ니吏捕以聞ᄒᆞᆫ듸上이欲烹之어늘布ㅣ曰願一言而死ᄒᆞ노이다上이曰何言고布ㅣ曰方上之困於彭城ᄒᆞ시고敗滎陽成皐間에王이一顧與楚則漢破ᄒᆞ고與漢則楚破라天下ㅣ已定에彭王이剖符受封ᄒᆞ야亦欲傳之萬世러니今陛下ㅣ一徵兵에彭王이病不行이어늘而陛下ㅣ誅滅之ᄒᆞ시니臣은恐功臣이人人이自危也ㄹ가ᄒᆞ노이다今彭王이已死ᄒᆞ니臣도生不如死라請就烹ᄒᆞ노이다

上이乃釋布罪ᄒᆞ고拜爲都尉ᄒᆞ다

呂后ㅣ이에그舍人으로ᄒᆞ여곰彭越이다시反을謀ᄒᆞᆫ다告ᄒᆞ거늘越의三族을夷ᄒᆞ고越의首을洛陽에梟ᄒᆞ고詔를下ᄒᆞ야收視ᄒᆞ는者ㅣ有ᄒᆞ거던문득捕ᄒᆞ더니梁大夫ㅣ欒布ㅣ齊에使ᄒᆞ엿다가還ᄒᆞ야事를越의頭下에奏ᄒᆞ고祠ᄒᆞ고哭ᄒᆞ니吏ㅣ捕ᄒᆞ야써聞ᄒᆞᆫ듸上이烹코져ᄒᆞ거늘布ㅣ曰願컨듸한번말ᄒᆞ고死ᄒᆞ겟노이다上이曰何言인고布ㅣ曰바야흐로上이彭城에서困ᄒᆞ시고滎陽과成皐間에敗ᄒᆞᆷ에王이한번顧ᄒᆞ야楚를與ᄒᆞᆫ則漢이破ᄒᆞ고漢을與ᄒᆞᆫ則楚ㅣ破ᄒᆞ엿슬지라天下ㅣ임의定ᄒᆞᆷ애彭王이符을剖ᄒᆞ고封을受ᄒᆞ야또ᄒᆞᆫ萬世에傳코져ᄒᆞ더니이재陛下ㅣ한번兵을

（居馬上得之）言以戰鬪得天下也

徵ᄒᆞᆷ애彭王이病드러行치못ᄒᆞ엿거ᄂᆞᆯ陛下ㅣ誅滅ᄒᆞ시니臣은恐컨ᄃᆡ功臣이人人
이ᄉᆞᄉᆞ로危ᄒᆞᆯ가ᄒᆞ노이다이제彭王이임의死ᄒᆞ엿시니臣도生ᄒᆞᆷ이死ᄒᆞᆷ만갓지못
ᄒᆞᆫ지라請컨ᄃᆡ烹에就ᄒᆞ겟노이다上이이에布의罪ᄅᆞᆯ釋ᄒᆞ고拜ᄒᆞ야都尉ᄅᆞᆯᄉᆞᆷ다

陸賈ㅣ時時前說에稱詩書ᄒᆞᆫᄃᆡ帝ㅣ罵之曰乃公이居馬上得之
ᄒᆞ니安事詩書리오賈ㅣ曰馬上得之시나寧可以馬上治之乎잇가且湯
武ᄂᆞᆫ逆取而順守之ᄒᆞ시니文武並用이長久之術也니이다

陸賈ㅣ時々로前에셔說ᄒᆞᆷ에詩書ᄅᆞᆯ稱ᄒᆞᆫᄃᆡ帝ㅣ罵ᄒᆞ여曰乃公이馬上에居ᄒᆞ야得
ᄒᆞ엿ᄉᆞ니엇지詩書ᄅᆞᆯ事ᄒᆞ리오賈ㅣ曰馬上에셔得ᄒᆞ엿ᄉᆞ나엇지可이써馬上에셔
治ᄒᆞ리잇가또ᄒᆞᆫ湯武ᄂᆞᆫ逆으로取ᄒᆞ야順으로守ᄒᆞ시니文武ᄅᆞᆯ並用ᄒᆞᆷ이長久의術
이니이다

帝ㅣ曰試爲我ᄒᆞ야著秦所以失天下와吾所以得之者와及古
今成敗之國ᄒᆞ라陸生이乃粗述存亡之徵ᄒᆞ야凡著十二篇ᄒᆞ니每
奏一篇에帝ㅣ未嘗不稱善ᄒᆞ고號其書曰新語라ᄒᆞ다 以高祖素未嘗聞此言故曰新語

帝ㅣ曰試ᄒᆞ야我ᄅᆞᆯ爲ᄒᆞ야秦이써天下ᄅᆞᆯ失ᄒᆞᆫ바와吾ㅣ써得ᄒᆞᆫ바人者와밋古今成

敗의國을著ᄒᆞ라陸生이이에ᄃᆡ강存亡의徵을述ᄒᆞ야무릇十二篇을著ᄒᆞ니ᄆᆡ양一
篇을奏ᄒᆞᆷ에帝ㅣ일즉이善타稱치아니치안코그書를號ᄒᆞ야曰新語라ᄒᆞ다

漢書本紀에 曰詔曰聞王者는 莫高於周文이오霸者는 莫高於齊桓이니 皆待賢人而成名이라 賢士大夫ㅣ 有肯從我游者면 吾能尊顯之ᄒᆞ리니 御史中執法이 下郡守ᄒᆞ야 其有意稱明德者어든 必身勸爲之駕ᄒᆞ라 (御史中)中丞也 郡守必須身親往見勸勉之且爲其駕車而遣之也

漢書本紀에曰詔ᄒᆞ야曰드르니王인者는周文만치高ᄒᆞ니가업고霸인者는齊桓만치高ᄒᆞ니가업스니다賢人을待ᄒᆞ야名을成ᄒᆞᆫ지라賢士大夫ㅣ질겨我를從ᄒᆞ야游ᄒᆞᄂᆞᆫ者ㅣ有ᄒᆞ면吾ㅣ能히尊ᄒᆞ야顯ᄒᆞ리니御史中執法이郡守에게下ᄒᆞ야그意가明德을稱ᄒᆞᆯ者ㅣ有ᄒᆞ거든반다시몸소勸ᄒᆞ야駕케ᄒᆞ라

帝ㅣ有疾臥禁中ᄒᆞ야 詔戶者無得入ᄒᆞ니 群臣絳灌等이 莫敢入十餘日이러니 樊噲ㅣ 排闥直入ᄒᆞᆫ대 排推開也闥音達宮中小門 大臣이 隨之ᄒᆞ니 上이 獨枕一宦者臥어늘 噲等이 見上流涕曰始陛下ㅣ與臣等으로 起豊

(滕公)夏侯嬰也食邑汝陰縣謚文侯初爲滕公令奉車故號滕公

沛定天下에何其壯也러니今天下ㅣ已定에又何憊也ㅣ잇고(憊羸困也)且陛下ᄂᆞᆫ獨不見趙高之事乎잇가帝ㅣ笑而起ᄒᆞ다

帝ㅣ疾이有ᄒᆞ야禁中에臥ᄒᆞ야戶者에게詔ᄒᆞ야시러곰入치못ᄒᆞ게ᄒᆞ니羣臣絳灌等이入치못ᄒᆞᆫ지十餘日이러니樊噲ㅣ闥을排ᄒᆞ고곳入ᄒᆞᆫᄃᆡ大臣이隨ᄒᆞ니上이홀로一宦者를枕ᄒᆞ고臥ᄒᆞ엿거늘噲等이上을見ᄒᆞ고涕를流ᄒᆞ고曰비로소陛下ㅣ臣等으로더브러豊沛에起ᄒᆞ야天下를定ᄒᆞᆷ에읏지그壯ᄒᆞ더니이제天下ㅣ임의定ᄒᆞᆷ에또엇이憊ᄒᆞ니잇고또陛下는홀로趙高의事를見치못ᄒᆞ셧나잇가帝ㅣ笑ᄒᆞ고起ᄒᆞ다

初에淮陰侯ㅣ死에淮南王黥布ㅣ已心恐이러니及彭越이誅에醢其肉ᄒᆞ야以賜諸侯ᄒᆞ니布ㅣ大恐ᄒᆞ야發兵反이어늘上이召諸將問計ᄒᆞᆫᄃᆡ皆曰豎子ㅣ何能爲乎리오汝陰侯滕公이召故楚令尹薛公ᄒᆞ야問之ᄒᆞᆫᄃᆡ令尹이曰是固當反이로다往年에殺彭越ᄒᆞ고前年에(亦往年也)殺韓信ᄒᆞ니此三人者ᄂᆞᆫ同功一體之人也라自疑禍及身故로反耳니다

初에淮陰侯ㅣ死홈에淮南王黥布ㅣ임의心이恐ᄒᆞ엿더니밋彭越이誅홈이그肉을醢ᄒᆞ야써諸侯에게賜ᄒᆞ니布ㅣ크게恐ᄒᆞ야兵을發ᄒᆞ야反ᄒᆞ거늘上이諸將을召ᄒᆞ야計를問ᄒᆞᆫ듸ᄀᆞᆯ오듸豎子ㅣ엇지能히ᄒᆞ리오汝陰侯滕公이故楚令尹薛公을召ᄒᆞ야問ᄒᆞᆫ듸令尹이曰이것이진실로反홈이맛당ᄒᆞ도다往年에彭越을殺ᄒᆞ고前年에韓信을殺ᄒᆞ니이세ᄉᆞᄅᆞᆷ인者ᄂᆞᆫ功이同ᄒᆞ고體가一ᄒᆞᆫ人이라ᄉᆞᄉᆞ로禍가身에及홀가疑ᄒᆞ고反ᄒᆞ엿ᄂᆞ니라

滕公이言之上ᄒᆞ니上이乃召薛公問之ᄒᆞᆫ듸對曰使布로出於上計면山東은非漢之有也오出於中計면勝敗之數를未可知也오出於下計면陛下ㅣ安枕而臥矣리이다

滕公이上에게言ᄒᆞ니上이이에薛公을召ᄒᆞ야問ᄒᆞᆫ듸對ᄒᆞ여曰布로하여곰上計에出ᄒᆞ면山東은漢의有가못될것이오中計에出ᄒᆞ면勝敗의數를可히知치못홀것이오下計에出ᄒᆞ면陛下ㅣ枕을安히ᄒᆞ고臥ᄒᆞ리이다

上이曰何謂上計오對曰東取吳ᄒᆞ고西取楚ᄒᆞ고并齊取魯ᄒᆞ고傳檄燕趙ᄒᆞ야固守其所면山東은非漢有也리다何謂中計오東取吳ᄒᆞ고

(西取下蔡)布都六而阻淮故策其東取吳西取下蔡以據全淮也(歸重於越)越在東南故策其歸於越(身歸長沙)布娶於長沙王故策其身歸長沙

西取楚ᄒᆞ고 幷韓取魏ᄒᆞ야 據敖倉之粟ᄒᆞ고 塞成皐之口면 勝敗之數를 未可知也리이다 何謂下計오 東取吳ᄒᆞ고 西取下蔡ᄒᆞ고 歸重於越ᄒᆞ고(重輜重也歸之於越地也) 身歸長沙면 陛下ㅣ 安枕而臥ᄒᆞ야 漢無事矣리이다

上이曰무엇을謂호ᄃᆡ上計라ᄒᆞᄂᆞ뇨對ᄒᆞ야曰東으로吳를取ᄒᆞ고西으로楚를取ᄒᆞ고齊를幷ᄒᆞ고魯를取ᄒᆞ고檄을燕趙에傳ᄒᆞ야굿이그所를守ᄒᆞ면山東이漢의有가못되리이다무엇을이르되中計라ᄒᆞᄂᆞ뇨東으르吳를取ᄒᆞ고西으로楚를取ᄒᆞ고韓을並ᄒᆞ고魏를取ᄒᆞ야敖倉의粟을據ᄒᆞ고成皐의口를塞ᄒᆞ면勝敗의數를可히知치못ᄒᆞ리이다무엇을일으되下計라ᄒᆞᄂᆞ뇨東으로吳를取ᄒᆞ고西으로下蔡를取ᄒᆞ고重을越에歸ᄒᆞ고身이長沙로歸ᄒᆞ면陛下ㅣ枕을安히ᄒᆞ고臥ᄒᆞ야漢에事가無ᄒᆞ라이다

上이 曰是ㅣ 計將安出고 對曰出下計ᄒᆞ리이다 布ᄂᆞᆫ 故驪山之徒也라 致萬乘之主ㅣ나 皆爲身이오 不顧後爲百姓萬世慮者也라 故로 曰出下計ᄒᆞ노이다

(擊荆)荆王賈所封之地

(遇於蘄西)上望其置陣如項羽惡之問布曰何苦而反布曰欲爲帝耳

上이曰이ㅣ計가쟝ᄎᆞᆺ어ᄃᆡ로出ᄒᆞᆯ고對ᄒᆞ야曰下計에出ᄒᆞ리이다布ᄂᆞᆫ故驪山의徒ㅣ라萬乘의主를致ᄒᆞ엿스나다身을爲ᄒᆞᆷ이오後로百姓을爲ᄒᆞ야萬世의慮를顧ᄒᆞᆯ者ㅣ아니라故로下計에出ᄒᆞ리라ᄒᆞ노이다

帝ㅣ曰善라ᄒᆞ고 封薛公千戶ᄒᆞ고 自將兵而東ᄒᆞ다

帝ㅣ曰善라ᄒᆞ고薛公을千戶로封ᄒᆞ고스ᄉᆞ로兵을將ᄒᆞ고東으로ᄒᆞ다

布之初反에 謂其將曰上이 老矣라 必不能來오 淮陰彭越이 皆死ᄒᆞ니 餘不足畏라ᄒᆞ고 遂反ᄒᆞ야 果如薛公之言ᄒᆞ야 擊荆擊楚ᄒᆞ고 引兵而西ᄒᆞ다

布가처음으로反ᄒᆞᆷ에그將다려謂ᄒᆞ야曰上이老ᄒᆞᆫ지라반다시能히來치못ᄒᆞᆯ것이오淮陰과彭越이다死ᄒᆞ니餘ᄂᆞᆫ足히畏ᄒᆞᆯ것이업다ᄒᆞ고드ᄃᆡ여反ᄒᆞ야과연薛公의言과如히ᄒᆞ야荆을擊ᄒᆞ고楚를擊ᄒᆞ고兵을引ᄒᆞ고西으로ᄒᆞ다

(丙午)十二年이라 冬十月에 上이 與布兵으로 遇於蘄西ᄒᆞ야 大戰ᄒᆞᆫᄃᆡ 布軍이 敗走渡淮ᄒᆞ야 戰數不利ᄒᆞ야 與百餘人으로 走江南이어ᄂᆞᆯ 上이 令別將으로 追之러니 番陽人이 殺布玆鄉民田舍ᄒᆞ다

十二年이라冬十月에上이布兵으로더브러鄿西에셔遇ᄒᆞ야크게戰ᄒᆞᄃᆡ布軍이敗ᄒᆞ야走ᄒᆞ야淮를渡ᄒᆞ야戰ᄒᆞᄃᆡ자조利치못ᄒᆞ야百餘人으로더브러江南으로走ᄒᆞ거늘上이別將으로하여곰追ᄒᆞ엿더니番陽人이布를玆鄉民田舍에셔殺ᄒᆞ다

十一月에過魯ᄒᆞᆯ서以太牢로祠孔子ᄒᆞ다

十一月에魯를過ᄒᆞᆯᄉᆡ太牢로써孔子를祠ᄒᆞ다

(太牢)凡用牲繫養曰牢牛曰大牢羊曰小牢將祭必先擇牲繫于牢牢閑也圈也防禁觸也

上이還過沛宮ᄒᆞᆯ서置酒悉召故人父老ᄒᆞ고酒酣에上이自爲歌起舞ᄒᆞ고

本記에曰上이擊筑自歌ᄒᆞᆯ새曰大風起兮여雲飛揚이로다威加海內兮여歸故鄉이로다安得猛士兮여守四方고上이乃起舞러라

泣謂沛父兄曰游子ㅣ悲故鄉이라ᄒᆞ니朕이自沛公으로以誅暴逆ᄒᆞ야遂有天下ᄒᆞ니其以沛로爲朕湯沐邑ᄒᆞ라 以其賦稅供湯沐之具也

(湯沐)王制註浴用湯沐用潘潘淅汁彙洗身也沐濯髮也

上이還ᄒᆞ야沛宮을過ᄒᆞᆯᄉᆡ酒를置ᄒᆞ고다故人父老를召ᄒᆞ고酒가酣ᄒᆞᆷ에上이스ᄉᆞ로歌를ᄒᆞ고起ᄒᆞ야舞ᄒᆞ고울며沛父兄다려謂ᄒᆞ야曰游子ㅣ故鄉을悲ᄒᆞ다ᄒᆞ니朕이沛公으로부터써暴逆을誅ᄒᆞ야드ᄃᆡ여天下를有ᄒᆞ니그沛로써朕의湯沐邑을ᄉᆞᆷ으라

立兄子濞ᄒᆞ야爲吳王ᄒᆞ고王三郡五十三城ᄒᆞ다

兄子濞를立ᄒᆞ야吳王을삼고三郡五十三城에王케ᄒᆞ다

上이從破布歸ᄒᆞ야疾益甚ᄒᆞ야愈欲易太子어늘張良이諫호ᄃᆡ不聽이러니叔孫通이諫曰晉獻公이以驪姬之故로廢太子立奚齊ᄒᆞ야晉國亂者ㅣ數十年이오(獻公嬖驪姬愛奚齊欲廢太子申生而立之會申生薦祭母之胙於公驪姬預置毒胙中公欲享姬止之曰宜試之與犬犬死與小臣小臣死申生聞之懼奔新城公乃誅其傅申生自殺)秦이以不蚤(早同)定扶蘇ᄒᆞ고令趙高로得以詐立胡亥ᄒᆞ야自使滅祀ᄒᆞ니此는陛下所親見이라今太子仁孝를天下ㅣ皆聞之ᄒᆞ니陛下ㅣ必欲廢適(音的)而立少ᆫ댄臣은願先伏誅ᄒᆞ야以頸血로汚地호리이다

上이布를破ᄒᆞ고歸홈에從ᄒᆞ야疾이더옥甚ᄒᆞ야더옥太子를易코져ᄒᆞ거늘張良이諫호ᄃᆡ聽치안터니叔孫通이諫ᄒᆞ야曰晉獻公이驪姬의故로써太子를廢ᄒᆞ고奚齊를立ᄒᆞ야晉國의亂ᄒᆞᆫ者ㅣ數十年이오秦이일즉이扶蘇를定치아니홈으로써趙高로ᄒᆞ여곰詐로써胡亥를立ᄒᆞ야스ᄉᆞ로ᄒᆞ여곰祀를滅ᄒᆞ니이는陛下의親이見ᄒᆞ신바이라이제太子의仁孝를天下ㅣ聞ᄒᆞ엿스니陛下ㅣ반다시適을廢ᄒᆞ고少를立코져ᄒᆞ실진ᄃᆡ臣은願컨ᄃᆡ먼져업ᄃᆡ여誅ᄒᆞ야頸血로써地를汚호리이다

帝ㅣ曰吾直戲耳로라叔孫通이曰太子는天下本이라本이一搖ᄒᆞ면天下ㅣ震動ᄒᆞ리니奈何以天下로戲乎리잇고時에大臣이固爭者ㅣ多라上이知羣臣心이皆不附趙王ᄒᆞ고乃止不立ᄒᆞ다

帝ㅣ曰吾ㅣ곳戲ᄒᆞ엿노라叔孫通이曰太子ᄂᆞᆫ天下本이라本이ᄒᆞᆫ번搖ᄒᆞ면天下ㅣ震動ᄒᆞ리니읏지ᄒᆞ여天下로써戲ᄒᆞ리잇고時에大臣이굿이爭ᄒᆞᄂᆞᆫ者ㅣ多ᄒᆞᆫ지라上이群臣의心이다趙王에게附치아니ᄒᆞᆷ을知ᄒᆞ고이에止ᄒᆞ고立치안타

張良傳에云呂后ㅣ使建成侯呂澤으로劫良爲我畫計라ᄒᆞᆫᄃᆡ良이曰此ᄂᆞᆫ難以口舌로爭也ㅣ라顧上所不能致者ㅣ四人이니(東園公姓唐字宣明居園中因號焉夏黃公姓崔名廣子少道齊人隱居夏里因居號焉角里先生河內軹人泰伯之後姓周名術字元道亦號霸上先生綺里季未詳四人同號商山四皓角音鹿)固請이면宜來리니令上見之則一助也ㅣ라ᄒᆞ야ᄂᆞᆯ呂澤이使人奉太子書ᄒᆞ야卑辭厚禮로迎此四人ᄒᆞᆫᄃᆡ四人이至ᄒᆞ야客建成侯所ㅣ러니及宴置酒에太子ㅣ侍ᄒᆞᆯ서四人者ㅣ從太子ᄒᆞ니年皆八十有餘오鬚眉皓白ᄒᆞ고衣冠이甚偉어ᄂᆞᆯ上이怪問曰何爲者오四人이前對ᄒᆞ야各言其姓名ᄒᆞ니上이迺驚曰吾

ㅣ求公호대避逃我러니今公이何自從吾兒游乎아

張良傳에云ᄒᆞ되呂后ㅣ建成侯呂澤으로하여곰良을刼ᄒᆞ야我를爲ᄒᆞ야計를畫ᄒᆞ라ᄒᆞᆫᄃᆡ良이曰이는口舌로써爭키難ᄒᆞᆫ지라願컨ᄃᆡ上의能히致치못ᄒᆞᆫ바人者ㅣ四人이니굿게請ᄒᆞ면맛당이來ᄒᆞ리니上으로하여곰見케ᄒᆞᆫ則ᄒᆞᆫ助ㅣ리라ᄒᆞ야늘呂澤이人으로하여곰太子書를奉ᄒᆞ야辭를卑ᄒᆞ고禮를厚히ᄒᆞ야이四人을迎ᄒᆞᆫᄃᆡ四人이至ᄒᆞ야建成侯의所에客ᄒᆞ엿더니밋宴ᄒᆞ고酒를置ᄒᆞᆷ에太子ㅣ侍ᄒᆞᆯ식四人인者ㅣ太子를從ᄒᆞ니年이다八十有餘오鬚眉가皓白ᄒᆞ고衣冠이甚히偉ᄒᆞ거늘上이怪히예겨問ᄒᆞ야曰무엇ᄒᆞ는者인고四人이前으로對ᄒᆞ야각々그姓名을言ᄒᆞ니上이이에驚ᄒᆞ야曰吾ㅣ公을求호ᄃᆡ避ᄒᆞ야我을逃ᄒᆞ더니今에公이웃지ᄒᆞ야ᄉᆞᄉᆞ로吾兒를從ᄒᆞ야游ᄒᆞ는고

四人이曰陛下ㅣ輕士善罵ᄒᆞ시니臣等이義不辱故로恐而亡匿이러니今聞太子ㅣ仁孝恭敬愛士ᄒᆞ시니天下ㅣ莫不延頸ᄒᆞ야願爲太子死者故로臣等이來도소이다上이曰煩公ᄒᆞ노니幸卒調護太子ᄒᆞ라四人이爲壽已畢에趨去어늘上이目送之ᄒᆞ고召戚夫人指視曰我欲易之러니彼四人이爲之輔ᄒᆞ야羽翼이已成ᄒᆞ니難動矣라ᄒᆞ고上이罷酒ᄒᆞ니

(調護)調和平也護保安也

(王衛尉)王姓也史失其名衛尉寺在宮中內掌宮門侍衛屯兵
(自媚)媚愛也

竟不易太子者ᄂᆞᆫ 良이 本招此四人之力也러라

四人이曰陛下ㅣ士를輕히ᄒᆞ고善히罵ᄒᆞ시니臣等이義에辱지아니ᄒᆞ랴ᄒᆞᆫ고로恐ᄒᆞ야亡匿ᄒᆞ엿더니이제드르니太子ㅣ仁ᄒᆞ고孝ᄒᆞ고恭ᄒᆞ고敬ᄒᆞ고士를愛ᄒᆞ시니天下ㅣ頸을延ᄒᆞ야太子를爲ᄒᆞ야死ᄒᆞ기를願치안는者ㅣ업는고로臣等이來ᄒᆞ엿노이다上이曰公의게煩ᄒᆞ노니다힝이맛도록太子를調護ᄒᆞ라四人이壽를ᄒᆞᆷ을임의畢ᄒᆞᆷ에趨ᄒᆞ야去ᄒᆞ거ᄂᆞᆯ上이目ᄒᆞ야送ᄒᆞ고戚夫人을召ᄒᆞ야指ᄒᆞ야視ᄒᆞ야曰我ㅣ易코져ᄒᆞ엿더니져四人이爲ᄒᆞ야輔ᄒᆞ야羽翼을임의成ᄒᆞ엿스니動키難ᄒᆞ다ᄒᆞ고上이酒를罷ᄒᆞ니맛ᄎᆞᆷ내太子를易치아니ᄒᆞᆫ者는良이본시此四人을招ᄒᆞᆫ力이러라

相國何ㅣ以長安地陋ᄒᆞ고 上林中에多空地棄라ᄒᆞ야 願令民으로得入田ᄒᆞ고 毋爲稾ᄒᆞ야 爲禽獸食ᄒᆞ노이다 上이大怒曰相國이多受賈人財物ᄒᆞ야爲請吾苑이라ᄒᆞ고 下廷尉ᄒᆞ야 械繫之數日이러니 王衛尉ㅣ侍ᄒᆞ야 (衛尉掌宮門衛屯兵史失其名)前問曰相國이胡大罪완ᄃᆡ陛下ㅣ繫之暴也ㅣ시니잇고 上이曰受賈人金ᄒᆞ고請吾苑ᄒᆞ야以自媚於民故로繫治之로라

相國何ㅣ써長安의地가愜ᄒᆞ고上林中에空地棄ᄒᆞᆷ이多ᄒᆞ다ᄒᆞ야願컨ᄃᆡ民으로하여곰시러곰入ᄒᆞ야田ᄒᆞ고藁를ᄒᆞ미毋ᄒᆞ야禽獸의食을ᄒᆞᆯ지니다上이크게怒ᄒᆞ야曰相國이마니賈人의財物을受ᄒᆞ야吾의苑을請ᄒᆞᆫ다ᄒᆞ고廷尉에下ᄒᆞ야械에繫ᄒᆞᆫ지數日이러니王衛尉ㅣ侍ᄒᆞ야前에서무러曰相國이무ᄉᆞᆫ큰罪완ᄃᆡ陛下ㅣ繫ᄒᆞ시기를暴히ᄒᆞ사ᄂᆞ잇고曰賈竪의金을受ᄒᆞ고吾의苑을請ᄒᆞ야써ᄉᆞᄉᆞ로民의게媚ᄒᆞᄂᆞᆫ故로繫ᄒᆞ야治ᄒᆞ노라

王衛尉ㅣ曰有便於民而請之ᄒᆞ니眞宰相事ㅣ라且陛下ㅣ距楚數歲에陳豨黥布ㅣ反이어늘陛下ㅣ自將而往ᄒᆞ시니當是之時ᄒᆞ야相國이守關中이라關中이搖足則關以西ᄂᆞᆫ非陛下有也ㅣ어늘相國이不以此時爲利ᄒᆞ니今乃利賈人之金乎잇가

王衛尉ㅣ曰民의게便ᄒᆞᆷ이有ᄒᆞ야請ᄒᆞ니참宰相의事라또陛下ㅣ楚를距ᄒᆞᆫ지數歲에陳豨와黥布ㅣ反ᄒᆞ거ᄂᆞᆯ陛下ㅣᄉᆞᄉᆞ로將ᄒᆞ고往ᄒᆞ시니이ᄯᆡ를當ᄒᆞ야相國이關中을守ᄒᆞᆫ지라關中이搖足ᄒᆞᆫ則關써西ᄂᆞᆫ陛下의有가아니어ᄂᆞᆯ相國이이ᄯᆡ로써利ᄒᆞ지아니ᄒᆞ니이제이賈人의金을利ᄒᆞ리잇가

帝ㅣ不懌ᄒᆞ야是日에使使持節ᄒᆞ야赦出何ᄒᆞᆫ대何ㅣ入謝어늘帝ㅣ曰相國이爲民請苑이어늘吾ㅣ不許ᄒᆞ니我ㅣ不過爲桀紂主而相國이爲賢相이라吾ㅣ故繫相國ᄒᆞ야欲令百姓으로聞吾過호라

帝ㅣ懌치아니ᄒᆞ야이날에使를부려節을持ᄒᆞ야何를赦ᄒᆞ야出ᄒᆞᆫ딕何ㅣ入ᄒᆞ야謝ᄒᆞ거늘帝ㅣ曰相國이民을爲ᄒᆞ야苑을請ᄒᆞ거늘吾ㅣ許치아니ᄒᆞ엿스니我는桀紂主됨에過치못ᄒᆞ고相國은賢相이된지라吾ㅣ짐짓相國을繫ᄒᆞ야百姓으로ᄒᆞ여곰吾의過를聞케ᄒᆞ고져홈이로라

上이擊布時에爲流矢所中ᄒᆞ야行道疾甚이어늘呂后ㅣ迎良醫入見ᄒᆞᆫ딕上이嫚罵之曰吾ㅣ以布衣로持三尺(劍長三尺)ᄒᆞ야取天下ᄒᆞ니此非天命乎아命乃在天이어늘雖扁鵲인들(秦秋時良醫齊人姓秦名越人)何益이리오遂不使治疾ᄒᆞ다

上이布를擊ᄒᆞᆯ時에流矢의中ᄒᆞᆫ바ㅣ되여道를行홈에疾이甚ᄒᆞ거ᄂᆞᆯ呂后ㅣ良醫를迎ᄒᆞ야드러와見ᄒᆞᆫ딕上이嫚罵ᄒᆞ여曰吾ㅣ布衣로써三尺을持ᄒᆞ고天下를取ᄒᆞ엿

（知有餘）知讀作智

（非乃）乃汝也言自此之後汝亦終矣不須知之

（戍卒）謂婁敬

ᄉ니이것이天命이아니냐命이이에天에在ᄒᆞ거늘비록扁鵲인들무엇이益ᄒᆞ리오
드대여疾을治치못ᄒᆞ게ᄒᆞ다

呂后ㅣ問曰陛下百歲後에 蕭相國이旣死어든 誰令代之잇고 上이曰曹參이可니라 問其次ᄒᆞᆫ되 曰王陵이可어니와然이나 少戇ᄒᆞ니（戇音撞愚也） 陳平이可以助之오 陳平이知有餘나然이나難獨任이라 周勃이重厚少文이나然이나安劉氏者는 必勃也니 可令爲太尉니라 呂后ㅣ復問其次ᄒᆞᆫ되上이曰此後는亦非乃所知也ㅣ니라

呂后ㅣ問ᄒᆞ야曰陛下百歲後에蕭相國이임의死ᄒᆞ거든누로하야곰代ᄒᆞ리잇고上이曰曹叅이可ᄒᆞ니라그次를問ᄒᆞᆫ대曰王陵이可ᄒᆞ거니와然이나조곰戇ᄒᆞ니陳平이可히써助ᄒᆞᆯ것이오陳平이知가餘홈이有ᄒᆞ나그러나獨任키難ᄒᆞᆫ지라周勃이重厚ᄒᆞ고文이小ᄒᆞ나그러나劉氏를安ᄒᆞᆯ者는반다시勃이니可히하여곰太尉를숨을지니라呂后ㅣ다시그次를問ᄒᆞᆫ대上이曰이後는또ᄒᆞᆫ네知ᄒᆞᆯ바이아니니라

夏四月에 帝崩ᄒᆞ다

夏四月에帝ㅣ崩ᄒᆞ다

初에高祖ㅣ不脩文學而性이明達ᄒᆞ고好謀能聽ᄒᆞ야 自監門戍卒

(如舊)謂一見之如舊相識

日不暇給 給足也衆事煩多常汲汲也

(規摹)規正圓之器摹規倣也取喩規摹謂立制範也摹與模同

로見之如舊러라

初에高祖ㅣ文學을脩치아니ᄒᆞ고性이明達ᄒᆞ고謀를好ᄒᆞ되能히聽ᄒᆞ야監門戍卒로브터見ᄒᆞ기를舊와갓치ᄒᆞ더라

初順民心ᄒᆞ야作三章之約이러니天下ㅣ旣定에命蕭何ᄒᆞ야次律令ᄒᆞ고 三章之法難以禦奸故命蕭何操摭秦法作律九章次謂第其輕重 韓信으로申軍法ᄒᆞ고 申明約束 張倉으로定章程ᄒᆞ고 章歷數之章術程法式也謂權衡丈尺斛斗之平法 叔孫通으로制禮儀ᄒᆞ고又與功臣으로剖符作書ᄒᆞ야 剖折符竹使世襲其爵 丹書鐵券과 券符契也以朱書字以鐵鐫券 金匱石室로藏之宗廟ᄒᆞ니雖日不暇給이나規摹ㅣ弘遠矣러라

初에民心을順히ᄒᆞ야三章의約을作ᄒᆞ엿더니天下ㅣ임의定ᄒᆞᆷ에蕭何를命ᄒᆞ야律令을次ᄒᆞ고韓信으로軍法을申ᄒᆞ고張倉으로章程을定ᄒᆞ고叔孫通으로禮儀를制ᄒᆞ고ᄯᅩ功臣으로더부러符를剖ᄒᆞ고書를作ᄒᆞ야丹書鐵券과金匱石室로宗廟에藏ᄒᆞ니비록日로暇給지못ᄒᆞ나規摹ㅣ弘ᄒᆞ고遠ᄒᆞ더라

詳密註釋通鑑諺解卷二 終

(温公)曰從衡說雖反覆百端然大要合從者六國之利也昔先王建萬國親諸侯使之朝聘以相交饗宴以相樂會盟以相結者無他欲其同心戮力以保家國也鄉使六國能以信義相親則秦雖彊暴安得而亡之哉夫三晉者齊楚之藩蔽齊楚者三晉之根抵形勢相資表裏相依故以三晉而攻齊楚自絶其根抵也以齊楚而攻三晉自撤其藩蔽也安有撤其藩蔽以媚盜曰盜將愛我而不攻豈不悖哉○戮并力也抵音低亦根也撤音徹去也 (此當在餓而死之下)

(温公)曰高祖起豐沛以來罔羅豪傑招亡納叛亦已多矣及即帝位而丁公獨以不忠受戮何哉夫進取之與守成其勢不同當群雄角逐之際民無定主來者受之固其宜也及貴爲天子四海之內無不爲臣苟不明禮義以示之使爲臣者人懷二心以徼大利則國家其能久安乎是故斷以大義使天下曉然皆知爲臣不忠者無所自容而懷私結恩者雖至於活己猶以義不與也戮一人而千萬人懼其慮事豈不深且遠哉子孫享有天祿四百餘年宜矣○徼求也 (此當在無傚丁公下)

(温公)曰夫生之有死譬猶夜旦之必然自古及今固未嘗有超然而獨存者也以子房之明辨達理足以知神仙之爲虛僞矣然其欲從赤松子遊者其智可知也夫功名之際人臣之所難處如高帝所稱者三傑而已淮陰誅夷蕭何繫獄非以履盛滿而不止耶故

子房託於神仙遺棄人間等功名於外物置榮利而不顧所謂明哲保身者子房有焉
(此當在從赤松子遊耳下)
(温公)曰張良爲高帝謀臣委以心腹宜其知無不言安有聞諸將謀反必待高帝自見偶語然後乃言之邪盖以高帝初得天下數用愛憎行誅賞或時害至公羣臣往往有觖望自危之心故良因事納忠以變移帝意使上無阿私之失下無猜忌之謀國家無虞利及後世若良者可謂善諫矣○觖音缺觖望猶言怨望也一說觖者缺不滿所望而怨耳
(此當在我屬無患矣下)
(温公)曰禮之爲物大矣用之於身則動靜有法而百行備焉用之於家則內外有別而九族睦焉用之於鄕則長幼有倫而俗化美焉用之於國則君臣有叙而政治成焉用之於天下則諸侯順服而紀綱正焉豈直几席之上戶庭之間得之而不亂哉夫以高祖之明達聞陸賈之言而稱善睹叔孫通之儀而歎息然所以不能肩於三代之王者病於不學而已當是之時得大儒而佐之與之以禮爲天下其功烈豈若是而止哉惜夫叔孫生之爲器小也徒竊禮之糠粃以依世諧俗取寵而已遂使先王之禮淪沒而不振以迄于今豈不痛甚哉 (此當在皆襲祭故下)
(温公)曰王者以仁義爲麗道德爲威未聞以宮室鎭服天下也天下未定當克己節用

以趍民之急而顧以宮室爲先豈可謂之知所務哉昔禹卑宮室而桀爲瓊宮創業垂統之君躬行節儉以訓示子孫其末流猶入於浮靡況示之以侈乎乃云無令後世有以加豈不謬哉至於孝武卒以宮室罷敝天下必未不由酇侯啓之也 （此當在亡令後世有以加也上悅下）

（溫公）曰建信侯謂冒頓殘賊不可以仁義說尊欲與爲婚姻何前後之相違也夫骨肉之恩而與之叙惟仁義之人爲能知之奈何欲以此服冒頓哉蓋上世帝王之御夷狄也服則懷之以德叛則震之以威未聞與爲婚姻也且冒頓視其父如禽獸而獵之奚有於婦翁建信侯之術固已疎矣況魯元已爲趙后又可奪乎（此當在使劉敬結和親約下）

（溫公）曰世或以韓信爲首建大策與高祖起漢中定三秦分兵以北禽魏取代仆趙脅燕東擊齊而有之南滅楚垓下漢之所以得天下者大抵皆信之功也觀其距蒯徹之說逆高祖於陳豈有反心哉良由失職怏怏遂陷悖逆夫以盧綰里閭舊恩猶南面王燕信乃以列侯奉朝請豈非高祖亦有負於信哉臣以爲高祖用詐謀禽信於陳言負則有之雖然信亦有以取之也始漢與楚相距滎陽信滅齊不還報而自王其後漢追楚至固陵與信期共攻楚而信不至當是之時高祖固有取信之心矣顧力不能耳及天下已定則信復何恃哉夫乘時以徼利者市井之志也酬功而報德者士君子之心也信以市井之

志利其身而以士君子之心望於人不亦難哉是故太史公論之曰假令韓信學道謙讓不伐己功不矜其能則庶幾哉於漢家勳可以比周召太公之徒後世血食矣不務出此而天下已集乃謀叛逆夷滅宗族不亦宜乎（此當在夷信之族下）

詳密註釋 通鑑諺解 卷之二

重版 印刷●2001年 1月 10日
重版 發行●2001年 1月 15日

校 閱●明文堂編輯部
發行者●金 東 求

發行處●明 文 堂
서울특별시 종로구 안국동 17~8
대체 010041-31-001194
전화 (영) 733-3039, 734-4798
(편) 733-4748
FAX 734-9209
등록 1977. 11. 19. 제1~148호

값 6,000원
ISBN 89-7270-635-3 94910
ISBN 89-7270-049-5(전15권)

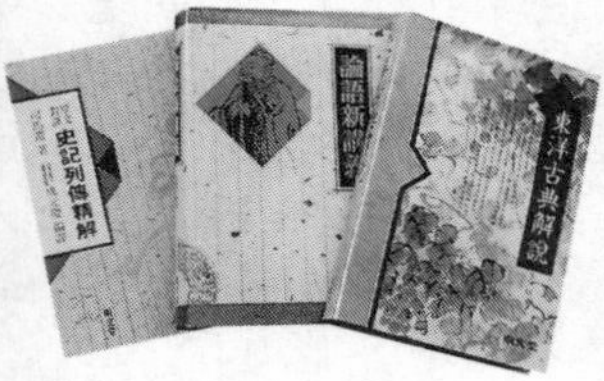

東洋古典解說
李民樹 著/신국판 양장

論語新講義
金星元 譯著/신국판 양장

原文對譯 史記列傳精解
司馬遷 著/成元慶 編譯/신국판

공자의 생애와 사상의 올바른 이해

공자의 생애와 사상
金學主 著/신국판

노자와 도가사상의 현대적 해석

노자와 도가사상
金學主 著/신국판

梁啓超
毛以亨 著/宋恒龍 譯/신국판

동양인의 哲學的 思考와 그 삶의 세계
宋恒龍 著/신국판

임어당의 신앙과 사상의 여정

東西洋의 사상과 종교를 찾아서
林語堂 著 · 金學主 譯/신국판

老莊의 哲學思想
金星元 編著/신국판

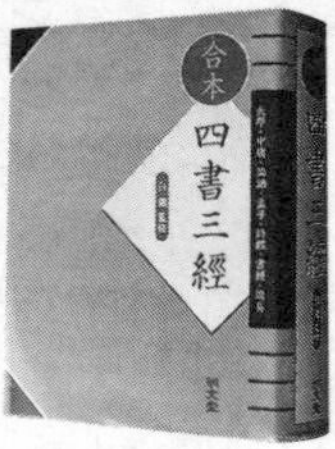

合本 四書三經
동양 고전의 精髓!

이 책은 오랜 각고의 세월을 거쳐 대학 · 중용 · 논어 · 맹자의 四書와 더불어 서경 · 시경 · 주역의 三經을 그 眞髓만을 모아 엮었다.
原文의 정확함은 물론 난해한 語句는 註를 달아 풀이 하였다.

白鐵 監修/4 · 6배판 양장

천하일색 양귀비의 생애

小說 楊貴妃
井上靖 著/安吉煥 譯

自然의 흐름에 거역하지 말라

장자의 에센스 莊子
安吉煥 編譯

仁과 中庸이 멀리에만 있는 것이드냐

孔子傳
김전원 編著

백성을 섬기기가 그토록 어렵더냐

孟子傳
安吉煥 編著

영원한 신선들의 이야기

神仙傳
葛洪稚川 著/李民樹 譯

한 권으로 읽는

東洋古典 41選
안길환 편저

白樂天詩研究
金在乘 著/신국판

中國現代詩研究
許世旭 著/신국판 양장

中國人이 쓴 文學概論
王夢鷗 著/李章佑 譯/신국판 양장

中國詩學
劉若愚 著/李章佑 譯/신국판 양장

中國의 文學理論
劉若愚 著/李章佑 譯/신국판 양장

小說 孫子
鄭麟永 著/文熙奭 解

小說 칭기즈칸
李文熙 著/高炳翊 解

小說 孔子
宋炳洙 著/李相殷 解

小說 老子
安東林 著/具本明 解

戰國策
김전원 編著

宋名臣言行錄
鄭鉉祐 編著

人間孔子
행동으로 지팡이를 삼고
말씀으로 그림자를 삼고
李長之 著/김전원 譯